問倒教授

Funny Knowledge

的百科大考驗

You Never Know

如果你以為動物不會說話，
那就大錯特錯囉！
動物其實也有自己的語言，
只是人類聽不懂而已！
看不見、摸不著的空氣，
一點都沒有存在感，
但你卻連睡著了都還迫切需要它。
沒了空氣，地球上也許什麼都不剩了，
但你了解空氣嗎？
夏天、陽光、比基尼！
藍藍的海洋多美麗……
等等！海為什麼是藍色的？
好奇嗎？這裡有解答喔！

國家圖書館出版品預行編目資料

問倒教授的百科大考驗 / 雅瑟編著. -- 初版.
-- 新北市：智學堂文化，民102.08
面； 公分. -- (青少年百科；9)
ISBN 978-986-5819-06-4(平裝)
1.常識手冊
047　　　　　　　102010671

青少年百科：09

問倒教授的百科大考驗

編　　著 — 雅　瑟
出 版 者 — 智學堂文化事業有限公司
執行編輯 — 林美娟
美術編輯 — 蕭佩玲
地　　址 — 22103　新北市汐止區大同路三段一百九十四號九樓之一
　　　　　　TEL　（02）8647-3663
　　　　　　FAX　（02）8647-3660

總 經 銷 — 永續圖書有限公司
劃撥帳號 — 18669219
出 版 日 — 2013年08月

法律顧問 — 方圓法律事務所　涂成樞律師
cvs 代理 — 美璟文化有限公司
　　　　　　TEL　（02）27239968
　　　　　　FAX　（02）27239668

Foreword 前言

　　知識就是財富。想學富五車，不一定要伏案苦讀，你也可以找本百科知識大全，輕鬆的了解每一門學問的重要精華。如果你以為動物不會說話，那就大錯特錯囉！動物其實也有自己的語言，只是人類聽不懂而已！如果你以為動物不會哭也不會笑，所以根本沒有情緒問題，那你又錯囉！馬兒的耳朵就可以表達情緒；豬的尾巴也能透露心事！

　　花兒謝了明年還是一樣的開。可是竹子開了花，卻代表生命即將走到盡頭，誰知道竹子開花竟代表了這麼令人哀傷的結局？看不見、摸不著的空氣，似乎一點都沒有存在感，但你卻連睡著了都還迫切需要它。沒了空氣，地球上也許什麼都不剩了。但你了解空氣嗎？

　　夏天、陽光、比基尼！藍藍的海洋多美麗……等等！海為什麼是藍色的？同樣因為水氣形成的彩虹，就能夠七彩繽紛。大海為什麼不能是七彩的？

　　這就是一本百科知識大考驗，讓我們帶您揭開心理學的神祕面紗，享受生命與大自然的洗禮，輕鬆愉快的學習各種生活知識。

PART1
察言觀色，
與心理學約會！

Funny Knowledge
You Never Know

是非題

季節與憂鬱症的發生
有一定關聯嗎？在良
好的教育環境下，五
至六歲的孩子平均可
集中注意力達十五分
鐘，這點你知道嗎？

024

二選一

憂鬱症最危險的後果
是什麼？心理諮詢無
法解決憂鬱症？測謊
儀是從哪個心理學療
法中發展出來的？一
起了解看看吧！

問問教授的百科大考驗
Funny Knowledge You Never Know

167

四選一

蚯蚓斷為兩截後竟會再生成兩條蚯蚓？什麼動物會冬眠又會夏眠？「孑孓」是什麼昆蟲的幼蟲？世界之大，令人難以想像！

204

搶答題

米蟲從來不喝水，為何不會渴死？魚兒在一天中的什麼時間最容易因缺氧窒息而死亡？心量多大，你的世界就有多大！

150

三選一

象牙用來做什麼？狼為何會在夜裡嚎叫？蝦依靠什麼呼吸？豬心情好時，尾巴是什麼形狀？愛護世間萬物，就是愛護自己。

PART3
生活常識，
快樂生活一點通！

Funny Knowledge
You Never Know

214

是非題

櫻桃白蘭地是用櫻桃
釀的嗎？空腹可以吃
蘋果嗎？簡單生活，
豐富常識！

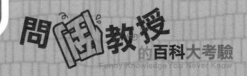

問倒教授 的百科大考驗
Funny Knowledge You Never Know

察言觀色，
與心理學約會！

「一隻蝴蝶在巴西輕拍翅膀，可以導致一個月後德克薩斯州發生的一場龍捲風。」你知道這句話説的是什麼意思嗎？有一些人在面試中往往能夠無往不利，你想知道為什麼嗎？聲名大噪的專家一上台就會使全場安靜，並且他的話大家都喜歡聽，這又是為什麼？這一切看似不可思議的現象其實都與心理學相關。你喜歡心理學嗎？你對心理學有多少瞭解呢？

一起走進心理學的殿堂，與專家們約個會吧！

是非題

所有的人都做會夢。

心理學的道理你該懂：（對）

　　據研究指出，每個人在睡眠的過程中都會經歷快速動眼期，這階段通常和做夢有關。不過有一些人雖然做過夢，醒來後多半都不記得了。

人格屬於內向或外向的學說，是由心理學家榮格所提出來的。

心理學的道理你該懂：（對）

　　榮格依據「心理傾向」提出內外向性格類型學說。他認為，當一個人的興趣和關注點指向外部時，就是外

PART1
察言觀色，與心理學約會！
輕鬆學習知識！一起愛上這個世界吧！
Funny Knowledge You Never Know.

12

向型；而當一個人的興趣和關注點指向主體時，就是內向型。任何人都具有外向和內向這兩種特徵，但其中一種可能佔優勢，因此可以確定一個人是內向還是外向。

有心理問題的人都是不正常的人。

心理學的道理你該懂：（錯）

生活中人們普遍對需要心理幫助的人有一種誤解，認為心理有問題的人都「有病」，甚至是有精神病。所以，常常有些本來需要心理醫生的人，卻因為懼怕這種外在心理壓力而逃避就診，因此錯過了獲得及時調整的機會。

在社交中，我們很難透過觀察眼神來認識他人。

心理學的道理你該懂：（錯）

人們常說「眼睛是心靈的窗戶」，在面部器官中眼睛是很重要的認知線索，人的各種感情都會從眼睛的微妙變化中反映出來。有時候，言語不一定代表一個人內

心的真正想法，也就是所謂的口是心非。但眼睛不會說謊，它能顯示出大腦的真實思維。心理學家研究發現，一個人做了虧心事或感到心虛時，便會自然而然迴避他人注視的目光；而在求愛時，人們也會用眼神來傳遞愛慕之情。所以在交往過程中，我們要學會善於透過觀察眼神來認識一個人。

心理諮詢師的用處就是為來訪者出主意。

心理學的道理你該懂：（錯）

心理諮詢師並不會對來訪者提出具體決定或辦法。心理諮詢師能做的只是幫助你澄清事實、分析利弊、開闊並轉換思維、疏導情緒，進而使來訪者發現自己的優勢和潛能。

性格類型會決定一個人成就的高低。

心理學的道理你該懂：（錯）

性格類型不能決定一個人成就的高低，但不同領域

的工作，對人的要求都是不同的，有的性格類型適合做
這一類的工作，有的性格類型適合做那一類的工作。如
果一個人的性格類型正好適合工作的要求，他就會感到
得心應手，對工作有濃厚的興趣，並因而使效率提高，
反之亦然。所以性格類型並不能決定一個人成就的高
低，但卻能影響工作的效率。

內心不安或恐懼都是焦慮的表現。

心理學的道理你該懂：（對）

焦慮是一種缺乏明顯客觀原因所造成的內心不安，
甚或根本是毫無根據的恐懼。

人類在平時就能夠感知潛意識的存在。

心理學的道理你該懂：（錯）

潛意識是被壓抑在心靈深處的精神活動，平時是意
識不到的。佛洛依德將人的「意識」分為三部分，即：
意識、前意識、潛意識。其中「潛意識」就是人身上最

大、最有力的部分。它是人類心理活動的源泉，但又不為人所知。潛意識沒有時間、地點和是否之分，就像嬰兒一樣，對法律、倫理和禁忌一無所知，並且總是想方設法去滿足自己的需要，而不顧道德、倫理的約束。潛意識總是被壓抑著，並不被允許進入意識，但卻可以通過適當的喬裝進入人的夢境。

只有憂鬱症才是心理問題。

心理學的道理你該懂：（錯）

心理問題是指人們心理上出現的各種問題，如：情緒消沉、心情不好、焦慮、恐懼、人格障礙、變態心理等，都是心理問題的範疇。

與外界溝通交往，會影響一個人的智力發展。

心理學的道理你該懂：（對）

在人的智力發展方面，溝通也是必要的前提。學者對因戰爭而獨居深山數十年的特殊個案進行研究後發

現，缺乏溝通對人們的語言及其他認知能力都有不同程度的損害。對兒童來說，缺乏溝通會嚴重影響他們的智力發展。另外，增加與早產兒的溝通，有助於使他們更快步入正常的發育過程。

人的性格是可以改變的。

心理學的道理你該懂：（對）

性格是在社會生活中逐漸形成的，同時也受不同個體的生物因素影響。沒有人的性格是完美的，或多或少總會有些缺陷。因此，及時發現自己的性格缺陷並努力改變是非常重要的。這個世界上沒有最好的性格，只有較適合社會習慣的性格。我們必需不斷地優化自己，才能贏得人生。

成人的機械記憶能力比嬰兒強。

心理學的道理你該懂：（錯）

根據研究，在嬰幼兒時期，機械記憶（或稱機械識

記）占主導地位。嬰兒機械記憶能力比成人要強，而且具有很大的記憶容量。邏輯記憶（或稱意義識記）在嬰兒末期才逐步發展起來，而且逐漸發育成熟，甚至超過機械記憶。

心理學家都會催眠。

心理學的道理你該懂：（錯）

X

催眠術並非是所有心理學家都會的「招牌本領」。這是精神分析心理學家在心理治療時所用的方法之一，實際上大多數心理學家的工作並不涉及催眠術，而更傾向於運用實驗和行為觀察等較嚴謹的科學研究方法。

憂鬱症可以遺傳。

心理學的道理你該懂：（對）

○

研究發現，很多憂鬱症患者都有家族史，尤其是躁鬱症患者的家族史比例高達30%。如果家族有憂鬱症患者，那麼家庭成員罹患此病的危險性便較高。父母其中

一人得憂鬱症，則子女患病的機率為25％；若雙親都是憂鬱症患者，則子女的患病率將提高至50％～75％。當然，遺傳並不是唯一決定性的患病因素。

女性比男性更容易被催眠？

心理學的道理你該懂：（對）

被催眠者的感受性越高，越容易被催眠。根據實驗發現，女性的感受性高於男性，尤其是女性性格特徵較為突出者，感受性更高。

季節與憂鬱症的發生有一定關聯。

心理學的道理你該懂：（對）

研究發現，秋冬季節憂鬱症患者人數明顯增加，比平時多出大約10％。尤其是初冬，常因其特殊的氣候、環境因素而成為憂鬱症的多發季節。秋冬季節容易造成憂鬱症的原因和日光的照射有關，大多季節性憂鬱症患者都是因為冬季陽光較少而出現憂鬱症狀。位於美國北

部的阿拉斯加州就有許多季節性憂鬱症患者，而位於南部的佛羅里達州則較少這類病患。

性格差異是先天形成的。

心理學的道理你該懂：（對）

性格差異是先天形成的，受神經系統活動過程的特性所制約。人一出生，最先表現出來的差異就是性格。

任何人都可以運用圖畫技術對圖畫進行解讀。

心理學的道理你該懂：（錯）

圖畫技術看似簡單，但其實對解讀者的要求非常高。對圖畫的心理學解讀甚至還在心理學基礎之上，所以解讀者除了必須具備心理學的專業知識背景，還要掌握相應的圖畫技術理論和分析。對圖畫的解讀必須是專業的、動態的、全面的，如果只根據某個局部的特徵就做出判斷，結果也是片面而缺乏科學依據的。另外，圖畫工具一般只是用來作為輔助工具，專業工作者並不會

根據一幅圖畫就對一個人做出絕對性的判斷。

人被催眠後可以完全沒有痛感。

心理學的道理你該懂：（對）

人體對痛覺一向很難適應。當外界的傷害性刺激作用在人體上時，人們必然會產生某種防禦性的反應與躲避行為。然而一旦人們接受催眠術，進入催眠狀態後，情形就大不一樣了。在催眠狀態下，被催眠者可以喪失疼痛的知覺。這種催眠性痛覺喪失的現象，至今仍沒有理論基礎可對其進行合理解釋。

諮詢師情緒不穩定時，不適於做心理諮詢。

心理學的道理你該懂：（對）

情緒穩定是諮詢師保持客觀態度的條件之一。每個人都有喜怒哀樂、七情六欲，諮詢師也和正常人一樣有自己的歡樂和憂傷。但是他們相對善於排遣，有較高的挫折承受能力。他們在諮詢工作中避而不談過去和目前

所遇到的個人問題，不背負沉重的精神負擔來會見求助者。他們自己的愛憎、喜怒、欲求等方面若有需要，必須在諮訪關係以外進行。他們自身不能有明顯的心理疾病，對求助者可以表示同情，但又不能使這種同情陷得太深。在整個諮詢過程中，他們必須始終保持頭腦冷靜和心理上的獨立。

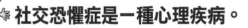

社交恐懼症是一種心理疾病。

心理學的道理你該懂：（對）

社交恐懼症是由於心理因素而導致的心因性疾病。

在良好的教育環境下，5～6歲的孩子平均可以集中注意力達15分鐘。

心理學的道理你該懂：（對）

兒童注意力的穩定性隨著年齡的增長也有不同發展，根據實驗，在良好的教育環境下，3歲幼兒能夠集中注意力約3～5分鐘，4歲幼兒能夠集中注意力約10分

鐘左右，5～6歲的幼兒則能夠集中注意力達15分鐘左右。由於遊戲通常能引起幼兒的興趣，所以在遊戲時幼兒能夠集中注意力的時間比在枯燥的實驗室條件下長。

中國典籍中，最早對夢的成因做出闡述的是《黃帝內經》。

心理學的道理你該懂：（對）

《黃帝內經》是中國傳統醫學四大經典著作之一，是現存成書最早的一部醫學典籍。其中《黃帝內經‧靈樞》第四十三篇闡述了夢的成因——淫邪發夢。

性格類型有好壞之分。

心理學的道理你該懂：（錯）

人格只是使人的行為帶有某種動力特徵，就動力特徵而言無所謂好壞。同時，每一種性格類型都有其積極或消極的一面，沒辦法比較哪一種性格類型較好或者較壞。

接受心理諮詢的人都是心理變態。

心理學的道理你該懂：（錯）

接受心理諮詢的人，並不一定是心理障礙者。所以，當你來找心理諮詢師時，不需要感到面子放不下，或是害怕別人知道。要正視自身問題的存在，勇於與心理諮詢師商討，這才是自信且明智的選擇。

工作效率和工作條件有直接的關係。

心理學的道理你該懂：（錯）

根據霍桑的心理實驗結果證明，改變工作條件和工作效率並沒有直接關係。提高工作效率的決定因素是員工情緒，而不是工作條件。關心員工的情感和員工的不滿情緒，有助於提高工作效率。

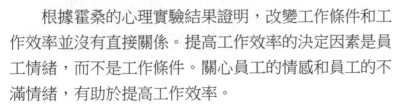

有人格障礙的人適合做心理諮詢嗎？

　　A.不適合　　　　B.適合

心理學的道理你該懂：（A）

　　一般說來，人格障礙已經進入較嚴重的心理異常階段了，並不適合做心理諮詢。

下面顏色中，哪種顏色會讓人感覺時間比較久呢？

　　A.紅色　　　　B.藍色

心理學的道理你該懂：（A）

　　色彩具有不可思議的神奇魔力，可以使人的時間感發生混淆。人們看著紅色，會感覺時間比實際時間長，看著藍色則感覺時間比實際時間短。有心理學家曾請兩

個人做過一個實驗，其中一人進入粉紅色壁紙、深紅色地毯的紅色系房間，另外一人則進入藍色壁紙、藍色地毯的藍色系房間。不給他們任何計時器，讓他們憑感覺在一小時後從房間中出來。結果，在紅色系房間中的人過了40～50分鐘後便出來了，而藍色系房間中的人則在70～80分鐘後還沒有出來。

在商場中我們經常可見「9.99」「168」等非整數的標價，請問這是運用什麼心理學原理？

A.尾數定價法　　　B.願者上鉤法

心理學的道理你該懂：（A）

有些商家在制定商品價格時，牢牢把握了消費者的心理，利用消費者的錯覺，運用「尾數定價法」，即保留價格的尾數，採用零頭標價，如：將一件商品定價為9.98元，而非10元。這就是價格的尾數效應。實驗證明，消費者更樂於接受尾數價格。大多數消費者認為，整數是一個概略價格，沒有精確感，而尾數價格會給人精確感和信任感。此外，尾數價格可使消費者感覺價格

保留在較低一級的檔次，因而減輕心理抗拒感。

以下哪位心理學家是以研究人格著名？

A.艾森克　　　B.馮特

心理學的道理你該懂：（A）

艾森克（Hans Jurgen Eysenck），德裔英國人，人格心理學家，以其人格理論和行為療法而聞名。艾森克在《人格的維度（Dimensions of Personality）》一書中指出，「人格是生命體實際表現出來行為模式的總和」。艾森克認為這種行為模式的總和包括認知（智力）、意動（性格）、情感（氣質）和軀體（體質）四個主要方面。

如今因信用卡所導致的不良消費習慣越來越多，這是為什麼呢？

A.信用卡和現金不同，每次的消費支出並非實際以鈔票付帳，而且每個月只結算一次，以致於每次支出在心理上的直接打擊較小，因而更容易引發

過度消費現象。

B.信用卡使用起來比較方便。

心理學的道理你該懂：（A）

研究發現，用現金結帳可以減少無節制的支出，尤其是在購物慾望高漲或酒酣耳熱之際，因為情緒所左右的開銷較能得到控制。

人是愛說謊的動物，這句話對嗎？

A.不對　　　B.對

心理學的道理你該懂：（B）

美國的一位心理學家經過長期研究後指出，人是愛說謊的動物，而且比自己所想像的程度更嚴重，平均每日最少說謊25次。

以下哪一項是強迫症的特點？

A.自我強迫和反強迫並存

B.不斷地重複同一種行為

心理學的道理你該懂：（A）

強迫症的特點是自我強迫和反強迫並存，二者強烈衝突造成心理上的焦慮痛苦。病人明白觀念或衝動來源於自我，雖極力抵抗，卻無法控制。雖可藉由動作來減輕精神上的痛苦，但社會功能嚴重受損。

透過圖畫能瞭解人的內心，這是運用了什麼原理？
A.潛意識的反應　　　B.投射技術

心理學的道理你該懂：（B）

投射是指一個人不自覺地把觀念轉嫁到周圍的事物上面。

「外來的和尚會念經」是因為什麼效應？
A.馬太效應　　　B.安慰劑效應

心理學的道理你該懂：（B）

安慰劑效應，又名偽藥效應、假藥效應、代設劑效

應，指病人雖然獲得無效的治療，但卻「預料」或「相信」治療有效，因而令患者感到症狀舒緩。有人認為這是一個值得注意的人類生理反應，但亦有人認為這是醫學實驗設計所產生的錯覺。這個現象無論是否真的存在，科學界至今還沒有定論。

原本只要5毛錢就可以買到一份晚報突然漲到5塊錢，你會覺得不可思議、無法接受。但是，如果原本100萬的房產漲了5塊，甚至500塊、1000塊，你卻會覺得價錢根本沒有變化。這其中蘊涵著以下哪個效應？

A.貝勃效應　　　B.倫勃朗效應

心理學的道理你該懂：（A）

有人做過一個實驗：一個人右手舉著300克重的砝碼，這時在其左手放上305克的砝碼，他並不會覺得左右手上的砝碼有多少差別，直到左手砝碼的重量加至306克時才會覺得有些重。如果右手舉著600克，這時左手上的重量要達到612克才能感覺到重。後來者必須加到更大的量才能感覺到差別，這種現象被稱為「貝勃效

應」。「貝勃效應」說明，如果人們一開始受到的刺激越大，那麼對以後的刺激也就越遲鈍。

如果郵寄新年卡片給一群素不相識的人，那麼，會有多少人回寄卡片呢？

A.可能有一小部分人　　　B.有一大部分人

心理學的道理你該懂：（B）

一位心理學教授曾做過一個小小的實驗：他在一群素不相識的人中隨機抽樣，然後寄出聖誕卡片給這些抽樣挑選出來的人。然後他就開始等待別人回寄卡片，結果有很大一部分人都回寄了卡片。這個實驗雖小，卻證明了互惠定律的作用。互惠是人類社會永恆的法則，是各種交流得以存在的基礎。互惠定律認為，我們應該儘量以相同的方式回報他人為我們所做的一切。

以下哪種情況，人們更容易服從多數呢？

A.群體規模大，持有一致意見或採取一致行為的人數較多時。

B.群體規模小，持有一致意見或採取一致行為的人
　數較少時。

心理學的道理你該懂：（A）

　　如果只有2個人反對你，你很可能會堅持自己的意
見；而如果有100個人反對你，你多半會驚慌失措，內
心不安，最終以服從多數了事。一般來說，群體規模越
大，持有一致意見或採取一致行為的人數越多，則個體
所感受到的心理壓力就越大，也就越容易服從多數人的
意見。如果群體中只有一個人持不同意見，他就要承受
巨大的壓力。而如果又多一個人持不同意見，則前者所
面臨的從眾壓力便會大大緩解，因而明顯降低從眾的機
率。

「喜歡孤獨的人不是神靈就是野獸」這句話説明人類具有什麼特性？

　　A.孤獨性　　　　B.社會性

心理學的道理你該懂：（B）

　　任何人都有願意與其他人進行交往並形成團體的傾

向，這就是人類的社會性。社會性雖是人的本能，但當
生命發展到一定階段，人們就不會再那麼絕對地需要依
靠他人才能生存，而可以根據內在的需要變成獨立自主
的個體。但是如果在一開始就脫離群體和社會，後果就
會相當可怕。即使看起來還有人類的生理特徵，但心理
上已經脫離了人類社會，也就是失去了社會性。

人類心理活動中，最能反映情緒變化的是什麼？
A.表情　　　　B.語言

心理學的道理你該懂：（A）

在人類的心理活動中，表情最能反映情緒的變化。
表情可以反映一個人的態度、情緒和動機，透過觀察和
分析面部表情，可以瞭解其內心的欲望、意圖和情緒狀
態，並進而形成對此人的認知。

「望梅止渴」運用了什麼心理學效應？
A.蝴蝶效應
B.暗示效應

心理學的道理你該懂：（Ｂ）

在無對抗條件下，用含蓄、抽象誘導的方法，對人的心理和行為產生影響，使人們按照一定的方式行動或接受一定的意見，令其思想行為與暗示者期望的情況相符合，這種現象便稱為暗示效應。

在社會交往中，每一個人都需要什麼？

A.尊重

B.讚美

心理學的道理你該懂：（Ａ）

心理學家認為，尊重是每一個人的心理需要。不管先天條件如何，財富的多少，地位的高低，任何人都需要得到別人的尊重。因而，要想使他人樂於改變，最重要的就是迎合他人的自尊心。

以下哪種人更容易贏得他人的好感？

A.對他人的鼓勵、讚美不斷增加

B.對他人的鼓勵、讚美逐漸減少

心理學的道理你該懂：（A）

　　生活中，人們最喜歡那些不斷增加對自己的喜愛、獎勵、讚美的人或物，而最不喜歡對自己的鼓勵和讚揚不斷減少的人或物。這個現象其實就是心理學中所說的阿倫森效應。人們在日常工作與生活中，應該儘量避免因為表現不當而造成他人的不良印象。同樣，在自己對別人形成印象的過程中，也要避免受此影響而形成錯誤的態度。

讚美員工也要注意策略，以下哪項做法不正確？

　　A.小趙在一次談判中成功地與對方達成了協定，為公司搶到一份大專案，老闆馬上表揚他。

　　B.小李因為企劃案做得出色，公司很快便與合作廠商簽訂了合約，老闆在公開場合誇他工作認真、勤奮。

心理學的道理你該懂：（B）

讚美他人最好是就事論事，哪件事做得好，什麼地

方值得表揚，說得具體，才能使受誇獎者高興，容易引起情感的共鳴。

孩子看到桌上有個蘋果時，所說的話中直接展現「知覺」活動的是哪項？

　　A.「真香！」

　　B.「這兒有個蘋果。」

心理學的道理你該懂：（B）

　　知覺是指外界刺激作用於感官時，人腦對外界的整體看法和理解，並為我們接收到的外界資訊進行重組和解釋。在認知科學中也可視為一組程式，包括獲取感官資訊、理解資訊、篩選資訊、組織資訊等。

在屋、樹、人圖畫測驗中，畫雙扇門表示什麼？

　　A.希望孤單　　　　B.希望成雙成對

心理學的道理你該懂：（B）

　　在屋、樹、人圖畫中，每一樣事物都有各自的象徵

意義。房子代表家庭與安全感；樹代表自我的成長；人代表與家庭成員間的互動關係和人際溝通。門是房屋的出入口，屋子的大小、形狀象徵著個體對外界的開放度。一般來說，雙扇門代表作畫者渴望能擁有伴侶，成雙成對。

在患者隨筆寫下的文字中找到治療方向的諮詢方法稱為什麼？

　　A.寫作療法　　　B.聽故事與編故事

心理學的道理你該懂：（A）

　　寫作療法正如字面所表述，是一種透過寫文章來治療心理疾病的療法。進行這種療法時，治療師會在來訪者隨意寫下的東西裡發現重複出現的關鍵字和主題，並在這些關鍵字和主題裡發現來訪者的癥結所在。

兒童學習語言的最佳年齡是什麼時候？

　　A.1歲　　B.2～5歲

心理學的道理你該懂：（B）

　　兒童的各項能力發展都有關鍵期，錯過這個關鍵期，以後的教育將難以彌補。心理學家指出，2～5歲是學習語言的最佳年齡，其中2～3歲是學習口說語言的關鍵期，4～5歲是學習書面語言的關鍵期。家長應抓住幼兒學習語言的關鍵期，積極發展兒童的語言能力。

故事說到緊要關頭，總會聽到「預知後事如何，請聽下回分解」，這是運用了什麼效應？

　　A.潘朵拉效應

　　B.馬太效應

心理學的道理你該懂：（A）

　　希臘神話中有一個故事：宙斯將一個盒子賜給一位名叫潘朵拉的女孩，並且告訴她絕對不能打開。

　　「為什麼不能打開？還要『絕對』？裡面該不是稀世珍寶吧？」潘朵拉越好奇，就越想揭開真相。憋了一段時間後，她終於忍不住把盒子打開了。誰知盒子裡裝的是人類的全部罪惡。就這樣，罪惡全都跑進人間了。心理學上把這種「不禁不為、愈禁愈為」的現象，叫做

「潘朵拉效應」。潘朵拉效應告訴我們：要求人們做什麼或不做什麼，必須有相對充分的理由。倘若宙斯給潘朵拉盒子時，明白地告訴她盒子裡裝的是人類的罪惡，想必潘朵拉打開盒子的機率會低得多；反之，倘若不給予令人信服的說明和解釋，或是解釋的原因不能為人們所領會，只是簡單地「禁止」，那麼禁止的結果必然引起人們各種各樣的疑慮、揣度、猜測，甚至會為了探究為什麼不許而跨越禁區。

同樣重量的黃色箱子和黑色箱子，哪個感覺上更重一點？

A.黃色　　　B.黑色

心理學的道理你該懂：（B）

顏色本身並沒有重量，只是有的顏色給人較重的印象，有的則感覺較輕。例如：同等重量的白色箱子與黃色箱子相比，黃色箱子給人的感覺更重一些。此外，與黃色箱子相比，藍色箱子看上去更重；而與藍色箱子相比，黑色箱子看起來又更重。不同的顏色使人感覺到的重量差到底有多大呢？有人透過實驗針對顏色與重量感

進行了研究，結果發現黑色的箱子與白色的箱子相比，前者看起來重了1.8倍。此外，即使是相同的顏色，明度（色彩的明亮程度）低的顏色比明度高的顏色感覺重，例如：紅色物體比粉紅色物體看起來重。彩度（色彩的鮮豔程度）低的顏色比彩度高的顏色感覺更重，例如：同是紅色系，但栗紅色就比大紅色的感覺重。

憂鬱症能治癒嗎？

A.能　　　　B.不能

心理學的道理你該懂：（A）

憂鬱症是一種可治療的疾病。治療憂鬱症可以採用心理治療和藥物治療，現今治療憂鬱症最常用的方法是藥物治療。

調整員工積極性的過程在管理心理學上被稱為什麼？

A.激勵　　　　B.懲罰

心理學的道理你該懂：（A）

激勵是管理心理學上一個非常重要的功能，屬於管理心理學的核心，也是研究重點之一。激勵就是調整積極性的過程。研究管理心理學，主要目的就是為了掌握個體與群體的心理，激發每個人的積極性，做到人盡其才。

羅密歐與茱麗葉的愛情悲劇中，存在著什麼樣的心理學效應？

A.潘朵拉效應　　　B.禁果效應

心理學的道理你該懂：（B）

禁果效應也叫做羅密歐與茱麗葉效應，意思是說：越是禁止的東西，人們越要得到手。這與人們的好奇心與逆反心理有關。禁果效應在日常生活中十分常見。

讓孩子們在玩耍中解決心理問題的說法是誰提出來的？

A.安娜‧佛洛依德

B.西格蒙德‧佛洛依德

心理學的道理你該懂：（A）

安娜‧佛洛依德（Anna Freud）是西格蒙德‧佛洛依德（Sigmund Freud）最小的女兒，她與梅蘭妮‧克萊恩（Melanie Klein）一起發展了遊戲療法。這種療法讓接受治療的孩子待在一個特別的遊戲室中，裡面有積木、黏土等各種玩具，讓孩子與治療師一起玩。遊戲室的大小則因孩子的精神狀態或人數而異。

將同樣多的液體倒進兩個不同的容器，請問一個四歲的孩子能理解容器內的液體是一樣多的嗎？

A.能　　　B.不能

心理學的道理你該懂：（B）

根據皮亞傑（Jean Piaget）的研究，4～5歲的孩子對於液體守恆概念還不是很能理解。他們只注意到瘦高瓶子裡的液體高度超過了矮胖瓶子裡的液體高度，注意力只集中在其中一個角度，因而作出錯誤的判斷。一般來講，要發展到7歲左右才能明白同一瓶液體不管倒到

PART1
察言觀色，與心理學約會！
輕鬆學習知識！ 一起愛上這個世界吧！
Funny Knowledge You Never Know.

42

什麼地方體積都是不變的。

面對一個風險決策，人們在什麼時候或什麼條件下會表現出風險規避（Risk Averse）心理呢？
A.在「得到」時會表現出風險規避心理
B.在「失去」時會表現出風險規避心理

心理學的道理你該懂：（A）

　　這是由於損失規避心理所導致。由於得失的不對稱性，人們在失去一樣東西時所經歷的痛苦，會大於得到同樣東西時所帶來的快樂。換句話說，就是我們更在乎失去，經常會無意識地儘量避免損失。

激勵的第一要素是什麼？
A.公平　　　　B.公正

心理學的道理你該懂：（A）

　　公平是激勵的第一要素。根據美國心理學家亞當斯（John Stacey Adams）的公平理論（Equity Theory）。人

們總是喜歡將自己所做的貢獻、所得的報酬，與一個和自己條件相當的人做比較，如果這兩者相當，雙方都會有公平感，否則即使獎勵再多也仍會引起不滿。

嬰兒的動作最先發展的是局部動作還是整體動作？

A.局部動作

B.整體動作

心理學的道理你該懂：（B）

根據研究發現，兒童的動作發展是從整體動作開始，然後才會發展局部動作。例如：嬰兒抓握東西，首先是整隻手試圖去抓，接著出現拇指的分化，然後才出現其他另外四指的分化。

「嚴師出高徒」、「棒底出孝子」等諺語強調了以下哪個因素對兒童發展的作用？

A.遺傳因素

B.環境因素

心理學的道理你該懂：（B）

一般認為，影響個體發展的因素有二，一是遺傳因素，一是環境因素。遺傳因素是指與遺傳基因相關的生物性內在因素，包括生理因素。環境因素指生存空間中所有可能對個體產生影響的因素。

物質激勵和精神激勵哪一項更能激發人們的積極性？

A.物質激勵　　　B.精神激勵

心理學的道理你該懂：（B）

實驗證明，人在無激勵狀態下，僅能發揮潛力的10％～30％；在物質獎勵作用下，能發揮自身潛力的50％～80％；在適當的精神激勵下，可發揮潛能的80％～100％。

下列哪種現象能說明新生兒在視聽能力上相互協調？

A.有些嬰兒聽到音樂會露出笑容

B.嬰兒聽到母親叫「寶寶」，就會去找媽媽

心理學的道理你該懂：（B）

協調能力是指在進行身體運動的過程中，調節綜合各種動作的能力。這是一種綜合性的能力，集靈敏度、速度、平衡能力、柔韌性等多項特質為一體，充分反映出中樞神經系統對肌肉活動的支配和調節功能。

憂鬱症最危險的後果是什麼？
A.終生服藥　　　B.自殺

心理學的道理你該懂：（B）

憂鬱症最危險的後果是自殺。據報導，憂鬱症患者的自殺比率比一般人約高20倍，自殺人群中有一半以上是憂鬱症患者。

小茜家境富裕，因此工作不是很努力。如果你是她的長官，會如何激勵她？
A.提高她的工資待遇

B.提拔她，讓她擔任更重要的職務

心理學的道理你該懂：（B）

身為管理者，要學會利用不同的方法來激勵員工。想做到這點，首先必須瞭解員工的需要，接著才能對員工進行有效的激勵，使其發揮最大的潛能。

以下哪一項是心理諮詢過程中的必要環節？
A.讀書
B.傾訴

心理學的道理你該懂：（B）

傾訴是心理諮詢過程中的重要環節，為避免讓患者在講述過程中過度糾纏枝節，心理諮詢師必須關注的是患者對問題的感受和看法，並不會就所講述的事下結論。一般傾訴不要超過20分鐘。

以下哪項是心理諮詢無法解決的問題？
A.治療來訪者的憂鬱症

B.使來訪者在認知、情感能力等方面有所變化

心理學的道理你該懂：（A）

心理諮詢可以使客戶在認知、情感和態度上有所變化，解決病患在學習、工作、生活、疾病和康復等方面出現的心理問題及障礙。憂鬱症則是一種比較複雜的心理疾病，單單依靠心理諮詢是難以治癒的。

人類的無意識中有一種繼承自上古時代的共同記憶，這種記憶被心理學家稱為什麼？

A.人格　　　B.原型

心理學的道理你該懂：（B）

這種上古記憶被稱為原型，經典的原型有：人格面具、陰影、女性原型和男性原型。

以下哪種方法適合將心裡的想法說出來？

A.移情　　　B.自由聯想

心理學的道理你該懂：（B）

自由聯想法是佛洛依德進行精神分析的主要方法之一，其最終目的是發掘病人壓抑在潛意識內的致病情結或矛盾衝突，把他們帶到意識域，使病人對此有所領悟，並重新建立健康心理。

測謊儀是從以下哪個療法中發展出來的？
A.釋夢
B.詞語聯想法

心理學的道理你該懂：（B）

詞語聯想法是榮格（Carl Jung）設計出來的方法，請被試者對100個詞進行自由聯想。聯想時，要在第一時間說出聯想到的東西，根據被試者回答時的反應可以得出一些潛意識資訊。這種方法後來經過演化，發展成了測謊儀。

原發性高血壓的病人比較適合哪種療法？
A.音樂療法

B.蹦跳療法

心理學的道理你該懂：（A）

音樂療法能讓患者透過聽音樂來舒緩心情並解決問題，這是因為人們在聽音樂的時候，頭腦中會產生各種聯想，因而逐漸改善情緒，達到治療的目的。音樂療法適用於：憂鬱症患者、原發性高血壓患者、記憶力衰退患者、產婦、性情急躁的患者以及情緒悲觀消極的患者等。

三選一

某人的圖畫中出現一個巨大的人物，在心理學上代表什麼意思？

    A.自卑

    B.自我膨脹

    C.感覺一般

心理學的道理你該懂：（B）

    根據圖畫心理學的研究，畫中的人多半代表自己，而巨大的人物就象徵著自我膨脹、自制力差。

對於自我的描述，下列哪項是錯誤的？

    A.自我的作用主要是調節本我與超我之間的矛盾，

        它一方面調節著本我，另一方面又受制於超我。

B.自我由先天的本能、欲望組成，包括各種生理需要。

C.自我遵循現實原則，以合理的方式來滿足本我的要求。

心理學的道理你該懂：（B）

佛洛依德認為，自我是從本我中逐漸分化出來的，位於人格結構的中間層。其作用主要是調節本我與超我之間的矛盾，一方面調解本我，一方面又受制超我。自我會遵循現實原則，以合理的方式來滿足本我的要求。

以下哪種人更能引起人們的好感？

A.完美的人

B.劣跡斑斑的人

C.略有瑕疵的人

心理學的道理你該懂：（C）

美國心理學家阿倫森（Elliot Aronson）發現，與十全十美的人相比，能力出眾但有一些小缺點的人最有吸引力，是人們最喜歡交往的對象。這種現象就是犯錯效

PART1
察言觀色，與心理學約會！
輕鬆學習知識！一起愛上這個世界吧！
Funny Knowledge You Never Know.

52

應。這一點也證明了生活中常見的一些現象：有一些看起來各方面都比較完美的人，卻總是不太討人喜歡；而討人喜歡的，往往是那些雖然有優點，但也有一些明顯缺點的人。為什麼會這樣呢？這是因為，一般人與完美無缺的人交往時，難免會因為自己不如對方而感到自卑。如果發現精明人也和自己一樣有缺點，就會減輕這樣的自卑情緒，而感到安全，並且更願意與之交往。試想，誰會願意和那些容易令自己感到自卑的人交往呢？所以不太完美的人，更容易讓人覺得可親、可愛。

第一印象在社交中至關重要，這在心理學上被稱為什麼效應？

A.首因效應

B.近因效應

C.曝光效應

心理學的道理你該懂：（A）

第一印象，又稱為初次印象，是指兩個素不相識的陌生人第一次見面時所感知到的印象。在與他人交往時，人們對他人的看法往往會過度依賴第一印象，這就

是首因效應。

「江山易改，本性難移」說明人格中哪一項特徵？

A.穩定性

B.獨特性

C.功能性

心理學的道理你該懂：（A）

人格具有穩定性。在行為中偶然發生的短期心理特性，並不能稱為人格。「江山易改，本性難移」，這裡的「本性」就是指人格。當然，人格的穩定性並不意味著在一生的過程中都一成不變，隨著生理成熟和環境改變，人格也可能產生或多或少的變化。

在便利商店中，以下哪種商品總是會擺在外面？

A.飲料

B.生活用品

C.其他消費品

PART1
察言觀色，與心理學約會！
輕鬆學習知識！一起愛上這個世界吧！
Funny Knowledge You Never Know.

54

心理學的道理你該懂：（C）

在便利商店中，不用擔心生活用品和飲料賣不出去，所以一般都把生活用品和飲料擺在最裡面，其他的商品擺在外面。這樣，消費者就很有可能在買生活用品和飲料的同時買走其他商品。

以下哪一項不是精神分析學派對恐懼症的觀點？

A.轉移作用

B.性作用

C.迴避作用

心理學的道理你該懂：（B）

根據精神分析學派的觀點，恐懼症是由於當事者壓抑潛意識中的本能衝動所導致，而「轉移作用」和「迴避作用」就是兩種壓抑衝動的方式。

在股市中，人們發生判斷失誤的主要原因是什麼？

A.過於自信

B.不夠自信

C.跟自信無關

心理學的道理你該懂：（A）

許多心理研究指出，人們發生判斷失誤是因為過於自信。如果選一群人做樣本，詢問他們是否相信自己的駕駛技術高於平均水準，其中有70％以上會說他們是極佳的駕駛員，這就留下一個問題——誰是差勁的駕駛員？另一個例子出現在醫療行業。如果問及醫生對肺炎的診斷成功率，答案是90％，而事實上他們只有50％的準確性。

關於建立親密關係，以下做法哪項是正確的？

A.對自己的私生活諱莫如深，也從不和別人談論自己，每當別人問起時，總會把話題岔開。

B.剛認識時就跟別人「無話不談」。

C.適度向他人表露自己的真實感情和真實想法，向別人講心裡話，坦率地表達自己、陳述自己、推銷自己。

心理學的道理你該懂：（C）

真正的親密關係建立得很慢，必須靠信任和長期經營。所以，從交往開始就必須逐步慢慢深入，這樣才容易受人信任，交到知心朋友。

魯迅說：「你要求在牆上開個窗戶，大家都反對；如果你提出要扒開屋頂，大家就同意開窗戶了。」這是什麼效應的表現？

A.反進門檻效應

B.進門檻效應

C.刺蝟效應

心理學的道理你該懂：（A）

反進門檻效應的產生與心理反差的錯覺密不可分，換句話說，就是大要求與小要求所引起的心理反差。一般來說，要求目的差距越大，心理反差也越大，給人的錯覺也就越大。

以下哪種現象不是偏見在日常生活中的反應？

A.一提到農民，我們就會把敦厚純樸、老實的特質

強加在他們身上

B.一提到「暴發戶」，就會把腦滿腸肥、揮金如土
的形象與他們聯繫起來

C.在大街上看到乞討的人便會對他們嗤之以鼻

心理學的道理你該懂：（C）

偏見是個體對特定對象過度偏激的評價性心理傾向。偏見和態度一樣，也是在後天活動和社會交往的基礎上形成的。偏見往往使我們在與人交往的過程中先入為主，偏激地把某一類型的人歸到一個群體中，或把傾向於某種類型的行為歸於某個群體所特有的行為。即在交往前就對交往對象形成偏激並且難以改變的看法，這種看法或多或少地影響著人與人的正常交往，以及對事物的正確判斷。

「機長症候群」是什麼心理效應導致的？

A.權威效應

B.名人效應

C.暈輪效應

心理學的道理你該懂：（A）

權威效應指的是人們對權威的信任遠遠超過對常人的信任。「機長症候群」，就是在很多事故中，機長所犯的錯誤都十分明顯，但飛行員們卻沒有針對這個錯誤採取任何行動，最終導致飛機墜毀。這是心理學上權威效應的表現。

「血型人格」理論的創始人是誰？

A.古川竹二
B.蓋倫
C.希波克拉底

心理學的道理你該懂：（A）

有些學者認為，人的性格由不同的血型所決定。古川竹二根據血型把性格劃分為A型、B型、O型和AB型四種。A型性格的人內向、保守、多疑、焦慮、富感情、缺乏果斷性、容易灰心喪氣。B型性格的人外向、積極、善交際、感覺靈敏、輕諾言、寡信、好管閒事。O型性格的人膽大、好勝、喜歡指揮別人、自信、意志堅強、積極進取。AB型性格的人，兼有A型和B型的特

徵。但是許多學者認為，這種理論沒有多少科學根據。因此，性格與血型的關係仍存在爭議，需要進一步研究。

其實每個人與生俱來都掌握一種免疫力，這種免疫力是什麼呢？

A.鍛煉

B.想像力

C.進補

心理學的道理你該懂：（B）

從心理學的角度來說，想像力並不能治療疾病帶來健康，但是想像力可以引導人們進入較好的心理狀態，增強治療成功的機率。想像療法就是根據這個原理開發出來的。

目前比較受大眾認可的人格測驗是？

A.血型測驗

B.星座測驗

C.MMPI

心理學的道理你該懂：（C）

MMPI，即明尼蘇達多項人格測驗（The Minnesota Multiphasic Personality Inventory），是現今國外最流行的人格測驗之一，此量表是由美國明尼蘇達大學的海瑟威教授（Starke R. Hathaway）和麥金利（J. C.McKinley）所編制的，該量表內容包括健康狀態、情緒反映、社會態度、心身性症狀、家庭婚姻問題等26類題目，可鑒別強迫症、偏執狂、精神分裂症、抑鬱性精神病等。

人們為了擺脫孤獨而與人交往，這種現象屬於哪種心理動機？

A.贊許動機

B.親和動機

C.成就動機

心理學的道理你該懂：（B）

在生活中，人們因為害怕孤獨或深感力量單薄，因而需要與他人在一起，希望透過交際獲得心理上的平

衡。這在心理學上被稱為交際心理的「親和動機」，人類普遍都具有這樣的心理動機。

在圖畫中，百葉窗帶有什麼樣的暗示？
A.沒有表示
B.有所保留
C.開放

心理學的道理你該懂：（B）
「百葉窗」在圖畫中一般暗示有所保留或憂鬱等。

一般課程較為枯燥的在職培訓不適合安排在哪天？
A.星期四
B.星期一
C.星期三

心理學的道理你該懂：（B）
一般人在經歷假期之後，第一天上班在注意力和熱情度上都比較薄弱，這叫做「星期一症候群」。所以在

PART1
察言觀色，與心理學約會！
輕鬆學習知識！一起愛上這個世界吧！
Funny Knowledge You Never Know.

62

長假結束後的第一天或第二天，較不適合安排培訓學習。

「我若不是獨特的，就沒有人會愛我」，是以下哪種類型人格的基本困惑？

　　A.完美型

　　B.領袖型

　　C.自我型

心理學的道理你該懂：（C）

　　自我型的人格容易情緒化、追求浪漫、懼怕被人拒絕、覺得別人不明白自己，他們想創造出獨一無二、與眾不同的形象和作品，所以不停地自我察覺、自我反省，以及自我探索。

「如果在你面前是發怒的妻子，後面是萬丈深淵，那麼，奉勸你還是往後跳吧！」這則笑話蘊含了什麼心理？

　　A.首因效應

B.刻板印象

C.暈輪效應

心理學的道理你該懂：（B）

　　刻板印象指的是人們對某一類人或事物所產生的固定看法，是在與人交往的過程中經常出現的普遍現象。刻板印象的形成，主要是由於我們沒有時間和精力去和某個群體中的每一成員都進行深入的交往，只能與其中的一部分成員交往。因此，我們只能由我們所接觸到的部分，去推知這個群體的「全部」。

夢與現實之間是什麼關係？

　　A.對立的

　　B.互補的

　　C.矛盾的共同體

心理學的道理你該懂：（C）

　　夢與現實是一對矛盾共同體，二者是密不可分的，離開了夢的現實，將會枯燥而空虛。夢為現實生活填補了空缺，也幫助人們放鬆處在緊張狀態下的神經。而夢

的基礎來源於現實，離開了現實，夢將不復存在。

「情人眼裡出西施」是因為什麼效應？

A.暈輪效應

B.投射效應

C.破窗效應

心理學的道理你該懂：（A）

暈輪效應又稱光環效應，指人們看問題時，像日暈一樣，由中心點逐步向外擴散成越來越大的圓圈，是一種在突出特徵的影響下產生以偏概全的社會心理效應。在人際交往中，人們常從對方所具有的某個特性泛化到其他有關的一系列特性，從局部資訊形成一個完整印象，僅根據少量的資訊對別人做出全面的結論。實際上這是因為個人主觀推斷，並泛化和擴張的結果。

以下哪種療法起源於禪宗？

A.精神分析

B.認知療法

C.聚焦療法

心理學的道理你該懂：（C）

聚焦療法起源於禪宗靜心和頓悟的概念，由尤金．
簡德林（Eugene T. Gendlin）創立。他把禪宗的修行概
念與來訪者中心療法相結合，發展出「聚焦療法」，這
是一種透過協助來訪者集中注意力來感受身體變化的療
法。

「一朝被蛇咬，十年怕井繩。」這句俗語表達出以下哪種恐懼症的特色？

A.特殊恐懼症
B.廣場恐懼症
C.社交恐懼症

心理學的道理你該懂：（A）

「特殊恐懼症」又稱「單純恐懼症」，患者會對某
些特殊物體、情境或活動感到害怕。「一朝被蛇咬，十
年怕井繩」這句俗語正好可以貼切地形容「特殊恐懼
症」的特色。首先，特殊恐懼症來自個人過去的經歷；

其次，令患者感到畏懼的對象，和過去真正畏懼的對象間有著類似的關聯；再次，特殊恐懼症得來容易，卻難以消除。

一見到白色，血壓就會莫名其妙的升高，這是什麼現象？

A.正常現象

B.證明生病了

C.「白色高血壓現象」

心理學的道理你該懂：（C）

「白色高血壓現象」是指本來血壓正常，但是一見到白色馬上升高的現象。這是因為白色代表醫院，測量血壓多半都是在醫院，於是久而久之一見到白色就會血壓升高。

在商場中我們經常會看到限量促銷，這樣做的目的是什麼？

A.真誠服務

B.自由選擇

C.提供「標準」

心理學的道理你該懂：（C）

　　限量銷售的方法，其實是在提供一個「標準」給消費者。美國愛荷華州某超市做過一個關於限量促銷的實驗，結果發現每人可購買的數量一旦受到限制，限定數量越多，銷售量就會越大。

夜晚睡覺時必須開燈，且在睡眠狀態下也不能熄燈，這是以下哪種心理疾病的表現？

A.開燈睡眠癖

B.戀物癖

C.厭食症

心理學的道理你該懂：（A）

　　有部分嬰兒因害怕而啼哭，只有當開著燈的時候，才會甜甜地睡去。其實這種害怕黑暗的情形不僅會發生在嬰兒身上，也會發生在許多成人身上。他們習慣在房間必須燈火通明，才能安心睡去。這種病症被稱為「開

燈睡眠癖」。

為什麼很多便利商店都將飲料放在最裡面的位置？

A.增加消費

B.潛在的行規

C.隨意擺放

心理學的道理你該懂：（A）

飲料是便利商店銷路最好的商品，把飲料放在最裡面，顧客取飲料時自然就會逛一逛賣場，增加消費。

在各類兒童障礙中，以下哪一項發生機率最高？

A.記憶障礙

B.注意障礙

C.閱讀障礙

心理學的道理你該懂：（C）

閱讀障礙是學習障礙中人數最多，男生多於女生。這類孩子往往記不住字詞，聽寫與拼音困難，朗讀時總

是增字或減字，寫作文的用詞貧瘠，閱讀速度特別慢，必須逐字地閱讀。他們在下棋和玩電腦遊戲方面頭腦或許很靈，但在溫書和寫作業及聽講方面的成績卻極差。這種遲緩可能與左腦有關。這類孩子經常因為無法順利閱讀，隨著學習深度增加，在各門功課上都出現困難，家長應多加注意。

下面的顏色中，哪一種是令人食欲增加的顏色？

A.紅色

B.藍色

C.紫色

心理學的道理你該懂：（A）

紅色、橙色和黃色等鮮豔的暖色系食物有增進食欲的作用。

看到鮮豔的顏色時，腸胃活動被啟動，進而產生食欲。並且鮮豔的顏色有助於我們回憶起以前吃過的美味，所以頗具開胃效果。而紫色、黃綠色和藍色等則是最能抑制食欲的顏色，假如端一碗紫色或藍色的米飯放在你面前，相信你一定沒什麼胃口。首先，你以前沒吃

過這種顏色的米飯；其次，這些顏色無法讓你聯想到任何美味的食物。當我們無法聯想到食物的味道時，就不敢輕易品嚐。

幻想療法屬於什麼學派？

　　A.腦科學派
　　B.不科學派
　　C.子虛烏有派

心理學的道理你該懂：（A）

　　羅斯曼創立的幻想療法乃基於左右腦分工不同的原理，他認為大腦要同時處理各種各樣的資訊，所以無論什麼時候，都不會得出意識上的結論。因此，想像療法也被稱為「腦科學派」。

將舞蹈、繪畫、雕刻等表現形式交互運用的是哪種心理療法？

　　A.心理劇療法
　　B.沙盤遊戲

C.表現療法

心理學的道理你該懂：（C）

表現療法是綜合多種藝術形式的治療方法，目的在於讓來訪者隨性採用舞蹈、繪畫、雕刻、音樂和詩歌等藝術形式來表達自己的心情。來訪者多次重複這個過程，就可以讓治療師深入瞭解自己。

決策過程中猶豫不定、遲疑不決的現象稱為什麼效應？

A.猶豫效應

B.遲疑效應

C.多米諾骨牌效應

D.布里丹毛驢效應

心理學的道理你該懂：（D）

　　法國哲學家布里丹養了一頭小毛驢，每天都向附近的農民買草料來餵養。這天，送草的農民出於對哲學家的景仰，額外多送了一堆草料放在旁邊。這下子，毛驢站在兩堆一模一樣的草堆正中央，感到非常為難。毛驢雖然享有充分的選擇自由，但由於兩堆乾草價值相等，客觀上無法分辨優劣，於是左看看，右瞅瞅，始終也無法分清哪一堆好。這頭可憐的毛驢就這樣站在原地，一

會兒考慮哪一堆比較高，一會兒考慮哪一堆好吃，一會兒分析顏色，一會分析新鮮度，猶猶豫豫，來來回回，就這樣在無所適從中活活地餓死了。

以下哪一項不是偏見產生的原因？

A.資訊來源的有限性或錯誤性

B.對某人或某群體的刻板印象

C.先入為主的判斷傾向

D.社會的影響

心理學的道理你該懂：（D）

偏見代表個體對交往對象的好惡，包括積極偏見和消極偏見兩種類型。一般說來，偏見是由於侷限或錯誤的資訊來源，導致對某人或某群體產生刻板印象，以及先入為主的判斷。

作畫時，大多數人會把主體畫在什麼位置？

A.上邊

B.下邊

C.中間

D.右邊

心理學的道理你該懂：（C）

根據圖畫心理學的研究，在畫面位置的選擇上，大多數人都是把主體畫在紙的中間，這代表了安全感。

獲利10元和虧損10元的反應比較起來，遭受虧損時反映更敏感的現象被稱為什麼？

A.馬太效應

B.從眾效應

C.厭惡損失

D.近因效應

心理學的道理你該懂：（C）

損失帶來的痛苦遠遠大於收益帶來的幸福，這就是「厭惡損失」。「厭惡損失」會導致部分賭客在輸錢的時候，有一種不惜一切代價都要竭力避免損失的心理。這種心理令人無法控制自己逐漸喪失的理智，並且偏要抓住已經失利的局面不放，最後就是越輸越多，直到輸

得精光。

求人辦事選在黃昏前後最容易成功，這是什麼效應？

A.暈輪效應

B.首因效應

C.黃昏效應

D.蝴蝶效應

心理學的道理你該懂：（C）

實驗證明，在黃昏前後人們心情充分放鬆，人情味更濃，在此刻求人辦事會比其他時間好很多，這就是黃昏效應。

遇到情緒困擾時，下面哪一種是正確的做法？

A.生氣的時候，把怒氣壓在心裡，自己一個人生悶氣。

B.遇到情緒困擾時，找老師、同學、親朋好友傾訴積鬱情緒。

C.生氣時，將怒氣發洩在別人身上，遷怒於人，找替罪羔羊。

D.生氣的時候，懲罰自己，如自己打自己耳光、自己咒罵自己，甚至自殺。

心理學的道理你該懂：（B）

　　情緒上的矛盾如果長期累積在心中，就會影響腦功能或引起身心疾病。情緒上的問題只要說出來，就會感到心情舒暢。遇到情緒困擾時，找老師、同學、親朋好友傾訴是進行情緒調節的好辦法，一方面能使不良情緒得到發洩，另一方面在傾訴煩惱的過程中，也可以得到更多情感上的支持和理解，並獲得解決問題的啟示，增加克服困難的勇氣。

希波克拉底（Hippokrates）的四液説中，「不愛與人交往、有孤獨感，動作顯得緩慢、單調、深沉」屬於哪種性格類型的特徵？

　　A、膽汁質

　　B、多血質

　　C、黏液質

D、抑鬱質

心理學的道理你該懂：（D）

抑鬱質的人情緒體驗深刻、細膩持久，情緒抑鬱、多愁善感，思維敏銳、想像豐富，不善交際、孤僻離群，踏實穩重、自制力強，行為舉止緩慢，軟弱膽小，優柔寡斷。

以下哪項不是說謊的動機？

A.正性謊言

B.負性謊言

C.無性謊言

D.中性謊言

心理學的道理你該懂：（C）

社會心理學家費爾德曼（Robert S.Feldman）認為謊言有不同層次之分，說謊的動機可歸為三大類：第一類是「正性謊言」，指一些對生活造成有利影響的謊言，正如他對這類謊言的解釋：「懂得在適當的時候撒謊或扭曲事實，是待人接物的技巧」；第二類是「中性謊

PART1
察言觀色，與心理學約會！
輕鬆學習知識！一起愛上這個世界吧！
Funny Knowledge You Never Know.

78

言」，這類謊言很多時候不受意識支配，或者說了也不會對自己或他人造成不利的影響；第三類是「負性謊言」，這類謊言會對自己或他人造成不利的影響。

以下哪一項不是社交恐懼症患者的軀體症狀？

A.口乾

B.出汗

C.興奮

D.想上廁所

心理學的道理你該懂：（C）

社交恐懼症的主要症狀有：口乾、出汗、心跳劇烈、想上廁所。周圍的人可能會看到的症狀有：紅臉、口吃結巴、輕微戰抖。有時候，患者會發現自己呼吸急促，手腳冰涼。嚴重的患者則是會進入驚恐狀態。

心理諮詢師應該怎麼處理患者的個案記錄及測驗資料？

A.發表在雜誌上

B.不做任何保存

C.結束諮詢後直接銷毀

D.嚴格管理和保護

心理學的道理你該懂：（D）

　　為了保護求詢者的隱私，諮詢記錄必須進行嚴格的管理和保護，需慎重對待，並堅持保密性原則。否則，記錄一旦被不相干的人看到或翻閱，很可能造成嚴重的後果。一般情況下，集體研究中所使用的案例教材，必需在研究結束後回收保管。用來當做發表諮詢研究以及書籍出版的案例時，對個案必須給予必要的加工。另外，在力所能及的範圍內，應徵求當事者的同意再予公開，特別是用來作為詳細記錄的案例報告更應如此。

有時候我們進商場，其實只是想買一件T恤，但是不知不覺的就在店員的推薦下買了褲子、鞋子、外套等諸多商品。店員運用的是什麼心理學效應？

　　A.社會助長效應

　　B.刻板效應

　　C.進門檻效應

D.馬太效應

心理學的道理你該懂：（C）

心理學家的研究證明，讓人們先接受較小的要求，能促使其逐漸接受較大的要求，這就是門檻效應。當人們拒絕接受一個較大的要求後，認知上的不協調會驅使他們建立新的平衡，因而容易接受另一個較小的要求。當小要求與大要求有明顯聯繫，且緊跟在大要求之後提出時，人們就更容易接受這個小要求。

企業招聘時面試官與求職者之間的距離屬於以下哪種距離？

A.親密距離

B.個人距離

C.社交距離

D.公眾距離

心理學的道理你該懂：（C）

美國人類學家愛德華・霍爾博士（Edward T. Hall）將人際交往的空間距離劃分成了四種，分別是親密距

離、個人距離、社交距離、公眾距離。社交距離不及親密或熟人的人際關係，是一種社交性或禮節上較正式關係。一般在工作環境和社交聚會上，人們都習慣保持這種程度的距離。

以下哪一項是觀察法的優點？

A.不好操作

B.消極等待

C.難以處理

D.直觀真實

心理學的道理你該懂：（D）

觀察法的優點在於執行方便，所得資訊真實；缺點則是只能消極等待有關現象的發生，並且難以對資訊進行量化處理，也難以確定某種行為現象的真正原因。

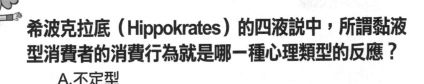

希波克拉底（Hippokrates）的四液說中，所謂黏液型消費者的消費行為就是哪一種心理類型的反應？

A.不定型

B.衝動型

C.理智型

D.敏感型

心理學的道理你該懂：（C）

黏液型的消費者在購物時比較謹慎、細緻、認真，並且冷靜，善於控制自己，不易受廣告宣傳、商標、包裝等的干擾，也較少受他人的影響，對商品比較瞭解，喜歡透過自己的觀察比較之後再購買。這就是理智型的消費行為。

商家所謂的「買一送一」其實是運用了以下哪種效應？

A.蝴蝶效應

B.馬太效應

C.霍布森選擇效應

D.該隱效應

心理學的道理你該懂：（C）

1631年，英國劍橋商人霍布森販馬時，把馬匹放出

來供顧客挑選，但條件是只許挑最靠近門邊的那匹馬。顯然，加上這個條件實際上就等於不允許挑選。對這種事實上並無選擇餘地的「選擇」，後人譏諷為「霍布森選擇效應」。

在腦海中反覆出現一些思想、觀念、衝動被稱為什麼？

A.強迫症

B.焦慮症

C.恐懼症

D.精神分裂症

心理學的道理你該懂：（A）

強迫症患者明知道一些東西不應該出現，但是無法擺脫，並為此十分苦惱不安。如：對自己的言行是否正確產生強迫性的懷疑，隨後出現強迫性的檢查行為；反覆對已經發生過的事件、說過的話、做過的事進行強迫性回憶；腦海中反覆出現從一個觀念聯想到另外一個觀念的強迫性聯想；對日常生活中的一些現象追根究底地窮思竭慮；對一些事物出現擔心、厭惡，或害怕自己會

PART1
察言觀色，與心理學約會！
輕鬆學習知識！一起愛上這個世界吧！
Funny Knowledge You Never Know.

84

對別人出現不理智行為的情緒；總是有某種違背自己願望的衝動等。

我們應該小心的是以下哪種謊言？
A.負性謊言
B.正性謊言
C.中性謊言
D.無性謊言

心理學的道理你該懂：（A）

在人際交往中，我們要小心負性謊言。事實上，當一個人說謊時，他的面部表情、身體姿勢和動作，以及某些非言語表達上都有一些細微的變化。只要我們稍加留意，就能從非言語線索入手，識破他人的謊言。

以下哪種教養方式對孩子的身心發展最好？
A.斯巴達式
B.情感溫暖型
C.溺愛式

D.冷漠型

心理學的道理你該懂：（B）

這種養育方式是指父母經常用語言和姿態表示對子女的喜愛。子女做錯了事或遇到不愉快的情況時，可求得父母的諒解、安慰和鼓勵，尊重子女的意見，經常讚美子女，親自出席和子女興趣愛好有關的活動，子女和父母之間平等相處、溫暖親切，當子女獲得成就時，父母也表現出為孩子高興的樣子。調查中發現，在這種養育方式下，子女的人格發育一般都能相對健康。

以下哪個效應對面試應徵最有幫助？

A.名片效應
B.馬太效應
C.潘朵拉效應
D.該隱效應

心理學的道理你該懂：（A）

名片效應係指在人際交往中，如果表明自己與對方的態度和價值觀相同，就會使對方感覺到你與他有更多

的相似性。恰當地使用「心理名片」，可以儘快促成人際關係的建立。掌握「心理名片」的應用藝術，對於人際交往以及處理人際關係也有很大的實用價值。

以下哪一項不是特殊恐懼症的表現？

A.預期焦慮

B.恐懼本身

C.恐懼事物

D.迴避行為

心理學的道理你該懂：（C）

「特殊恐懼症」包括三個表現：預期焦慮，即擔心自己會遇見引起恐懼的物體、情境或活動。另外還有恐懼本身，以及為了減輕焦慮而採取的迴避行為。

生活中，有一部分人十分懼怕與人交往，這是什麼病症的表現？

A.精神分裂症

B.社交恐懼症

C.憂鬱症

D.躁狂症

心理學的道理你該懂：（B）

　　社交恐懼症，又名社交焦慮症，是一種對任何社交或公開場合感到強烈恐懼或憂慮的精神疾病。患者對於在陌生人面前可能被別人仔細觀察的社交表演場合，有一種顯著且持久的恐懼，害怕自己的行為或緊張的表現會引起羞辱或難堪。有些患者甚至對參加聚會、打電話、到商店購物或詢問權威人士都感到困難。

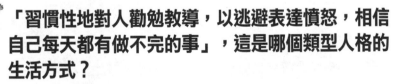

「習慣性地對人勸勉教導，以逃避表達憤怒，相信自己每天都有做不完的事」，這是哪個類型人格的生活方式？

　　A.助人型

　　B.成就型

　　C.自我型

　　D.完美型

心理學的道理你該懂：（D）

完美型的人認為世界是黑白分明的，對是對，錯是錯；做人一定要公正，有節制；追求完美，希望每件事都做到盡善盡美。

選擇商品以自我感覺為原則，易受商品外表造型、命名、色彩及商家裝潢影響的消費者屬於什麼性格類型？

A.習慣型

B.隨意型

C.保守型

D.情感型

心理學的道理你該懂：（B）

隨意型消費者的購買需求並不強，缺乏消費經驗，在購買過程中，比較隨意，不苛求、不挑剔，容易接受銷售人員的提示和幫助。

下面這些顏色中，哪一項不屬於暖色系？

A.棕色

B.藍色

C.橙色

D.白色

心理學的道理你該懂：（B）

　　不同的色彩會讓人產生不同的感受。像紅色、橙色等就是「暖色」，可以使人聯想到火焰和太陽等事物，使人感到溫暖。與此相對，藍色、綠色、藍綠色等被稱為「冷色」，這些顏色會令人聯想到水和冰，使人感到寒冷。

以下哪項不是佛洛依德提的「夢的工作機制」？

　　A.凝縮

　　B.邏輯

　　C.換位

　　D.潤飾

心理學的道理你該懂：（B）

　　佛洛依德認為，夢透過它的工作方式：凝縮、換位、戲劇化和潤飾，表現出並非本來面目的欲望，因而

需要對夢境加以分析解釋，把這重重面具揭開，顯現出其隱藏意義，才能尋得真正的根源。所謂「凝縮」就是幾種隱義以一種象徵出現；「換位」指被壓抑的觀念或情感調換成另一個不重要的觀念，但在夢中卻占有重要的位置；「戲劇化」即用具體的形象來表示抽象的欲望；「潤飾」就是醒後把夢中顛倒錯亂的材料再加以條理化，使其更能掩飾真相。

「以眼還眼，以牙還牙」，「以其人之道還治其人之身」，這些都屬於什麼效應？

A.暈輪效應

B.海格力斯效應

C.暗示效應

D.淬火效應

心理學的道理你該懂：（B）

海格力斯效應指的是人際間或群體間存在的冤冤相報，致使仇恨越來越深的社會心理效應。

希臘神話故事中有位大力士叫海格力斯。一天，他走在坎坷不平的路上，看見腳邊有個東西，看上去就像

個鼓起的袋子。海格力斯踩了那東西一腳，誰知那東西不但沒被海格力斯踩破，反而膨脹起來，並成倍成倍地加大，這激怒了英雄海格力斯。他順手操起一根碗口粗的木棒便往那個怪東西上打，那東西竟膨脹到把路也堵死了。海格力斯奈何不了它，正在納悶，一位聖者走到海格力斯跟前對他說：「朋友，快別動它了，忘了它，離它遠去吧。它叫仇恨袋，你不惹它，它便會小如當初；你若侵犯它，它就會膨脹起來與你敵對到底。」

　　仇恨正如海格力斯遇到的這個袋子。一開始它很小，如果你忽略它，矛盾一旦化解，它就會自然消失；如果你與它過不去，加恨於它，它便會加倍地報復。

人們對顏色偏好不同的原因不包括什麼？
　　A.陽光照射不同
　　B.空氣透明度不同
　　C.人種不同
　　D.背景色不同

心理學的道理你該懂：（C）
人們對顏色的不同偏好主要是由於文化、歷史和宗

教背景不同；陽光照射角度不同；空氣透明度不同。

以下哪項不是夢的成因？

A.身體的外在刺激

B.身體的內部刺激

C.白天心理活動的繼續

D.大腦皮層的細胞處於興奮狀態

心理學的道理你該懂：（D）

俗說話：「日有所思，夜有所夢。」刺激是夢的重要成因，許多心理學家指出，夢是對各種刺激的反應。大腦皮層的細胞處於興奮狀態，這是做夢時大腦的外在表現，並不是夢的成因。

有時候我們為了交際而購買禮品饋贈他人，這種購買行為是由什麼動機引起的？

A.情緒動機

B.情感動機

C.理智動機

D.惠顧動機

心理學的道理你該懂：（B）

情感動機是由道德感、群體感、美感等人類情感所引起的動機。在這類動機推動下的購買行為，一般具有穩定性和深刻性的特點。

以下哪種方法是對夢進行分析的方法？

A.查書
B.聯想
C.記錄
D.回憶

心理學的道理你該懂：（B）

透過對夢中的各種意象進行自由聯想，就能知道夢的意思。

追求完美的人所畫出的自畫像會是以下哪一種？

A.沒有特點

B.隨便一畫

C.中規中矩

D.追求細節

心理學的道理你該懂：（D）

　　追求完美的人在畫自畫像時會畫得非常認真，追求
細節的完善，最突出的表現就是會把頭髮畫得很仔細，
甚至每一根頭髮都會畫出來。

以下哪一項是實驗法的缺點？

A.研究者處於主動地位

B.研究者可以控制一切無關變數

C.經過系統操縱作為引數的變化條件

D.所得結果與實際情況存在一定差距

心理學的道理你該懂：（D）

　　實驗法的優點是，研究者處於主動地位，可有計劃
地引起某種行為現象發生；並可以控制一切無關變數，
透過系統操縱作為引數的變化條件；還可以使某種行為
在相同條件下重複發生，反覆觀察驗證。其缺點是，實

驗室的人為干擾及對心理現象的過分簡化，使得所得結
果與實際情況存在一定差距。

兄弟姐妹之間的爭寵是一種什麼效應？

A.潘朵拉效應

B.蝴蝶效應

C.該隱效應

D.馬太效應

心理學的道理你該懂：（C）

兄弟姐妹之間爭寵互相陷害的現象稱為該隱效應。
該隱是亞當與妻子夏娃所生的兩個兒子之一，後來該隱
因為嫉妒弟弟亞伯，而把亞伯殺害，受到上帝懲罰，成
為吸血鬼。

自畫像為抽象畫的人代表了什麼心理特質？

A.內心苦惱

B.自我開放

C.個人習慣

D.自我防禦

心理學的道理你該懂：（D）

一般在作畫時，畫出類似火柴人、漫畫人物或者很抽象的自畫像，表示測試對象處於自我防禦、拒絕、不合作的心理；當然，還有可能是因為智商比較低。

做一個夢大概需要多久的時間？
A.一秒鐘的幾分之一
B.幾秒鐘
C.幾小時
D.十分鐘

心理學的道理你該懂：（D）

我們的第一個夢，大約出現在入睡後的90分鐘。夢境持續時間約為5～15分鐘（平均為10分鐘）。

以下哪項是比較有效的促銷手段？
A.缺貨

B.停止銷售
C.限時購買
D.禁止購買

心理學的道理你該懂：（C）

在限時購買之後，人們就會為了時間的限制而不安和焦慮，因而高估商品的價值，出現爭搶。

對所處的環境產生無助與惶恐是以下什麼病症的特徵？

A.精神分裂症
B.焦慮症
C.廣場恐懼症
D.恐懼症

心理學的道理你該懂：（C）

「廣場恐懼症」又叫「懼曠症」，本來專指對空曠場所的畏懼，但精神醫學界目前已擴大其適用範圍，泛指當事者對足以讓他產生無助與惶恐之任何情境的畏懼。除了空曠場所外，其他如人群擁擠的商店、戲院、

大眾運輸工具、電梯、高塔等，也都可能是讓他們覺得
「無處可逃」而畏懼的情境。

以下哪種化學物質的發現是從夢中得到的靈感？
A.氧氣

B.碳

C.苯

D.硝基苯

心理學的道理你該懂：（C）

苯的結構式「苯環」，是德國化學家在做夢時得到
的靈感。據說他研究苯的結構式一直沒有結果，後來昏
昏欲睡，在睡夢中夢到幾隻猴子相互拉著尾巴圍成一個
環形，於是驚醒開始研究這個結構，最後提出了苯環的
模型。

行為療法出現於什麼時候？
A.1880年代

B.20世紀初

C.1920年代

D.19世紀末

心理學的道理你該懂：（C）

行為療法出現於1920年代，以行為主義心理學為理論基礎，目的在於改正人們的不良異常行為。

對於克服「臉紅症」有幫助的療法是以下哪一項？

A.精神分析

B.釋夢

C.幻想訓練

D.認知療法

心理學的道理你該懂：（C）

反覆幻想自己會做得很好，能夠很順利地在公共場合發言，對克服在公共場合發言感到不安很有效。

心理諮詢的對象主要是哪些人？

A.精神病人

B.神經病人

C.智力低下的人

D.正常人

心理學的道理你該懂：（D）

　　心理諮詢的對象主要是正常人。心理諮詢所提供的全新環境可以幫助人們認識自己與社會，處理各種關係，逐漸改變與外界衝突的思維、情感和反應方式，並學會與外界互相適應的方法，提高工作效率，改善生活品質，以便發揮內在潛力，實現自我價值。

哪種療法可以使來訪者在過去的經歷裡重塑自己的人格？

A.行為主義療法

B.完形療法

C.直觀印象療法

D.自由聯想法

心理學的道理你該懂：（C）

直觀印象療法需要治療師引導來訪者回到從前。使

用的方法是由治療師按照一定的間隔呼喚來訪者的名字，讓來訪者逐漸經歷從前的自己，並在此過程中重新構築自己的人格。

以下哪種心理療法不適合一般人？

A.自由聯想

B.冥想法

C.旋轉舞蹈冥想法

D.釋夢

心理學的道理你該懂：（C）

旋轉舞蹈冥想法應用了伊斯蘭教神秘主義的修行方法。做法很簡單，只要舉起右手，不停逆時針旋轉就行了。但是大部分人只要轉個幾分鐘就會頭暈、反胃，所以不推薦大家用這個方法。

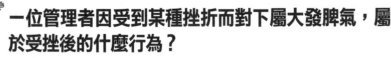

一位管理者因受到某種挫折而對下屬大發脾氣，屬於受挫後的什麼行為？

A.冷漠行為

B.攻擊行為

C.倒退行為

D.固執行為

心理學的道理你該懂：（C）

根據心理學研究結果，人受到挫折後，在行為上的代表特徵主要有攻擊、退化、固執和妥協等。倒退是指人在受到挫折時可能表現出與自己年齡不相稱的幼稚行為。如：不能控制自己的情緒、無理取鬧、不相信自己、輕信謠言、毫無來由地擔心、盲目地執行他人的指示等，其中也包括管理者受挫後對下屬大發脾氣、對人粗暴、為小事大發雷霆等。

小孩子咬手指的壞習慣可以用什麼方法來消除？

A.系統脫敏療法

B.認知療法

C.厭惡療法

D.滿灌療法

心理學的道理你該懂：（C）

運用厭惡療法，在孩子的手指上抹點胡椒粉等，使他在吮吸時產生厭惡感，就能減少甚至逐漸消除這種不良習慣。

在心理諮詢開始前，求詢者要做的準備不包括以下哪項？

A.求詢者要有心理諮詢的願望

B.求詢者不必擔心談話的內容外泄

C.求詢者有一定的自助意識

D.要求一次心理諮詢就能得到立竿見影的效果

心理學的道理你該懂：（D）

心理問題是各種原因長久「蓄積」的結果，解決問題需要時間，更需要求詢者的耐心和努力，急於求成的態度不可取。

比如：人際交往障礙，有的求詢者出現障礙的原因是性格內向、口吃、怕別人譏笑、拒絕與人交往所引起的，諮詢師首先要打破這個循環，協助求詢者改變自己對口吃的認識，消除緊張焦慮情緒，學習與人交往的方法技巧。這是一個需要長期累積的過程，並不是短期就

能達到的。

期望激勵來源於以下哪個心理效應？

A.巴納姆效應

B.貝爾效應

C.羅森塔爾效應

D.馬太效應

心理學的道理你該懂：（C）

「羅森塔爾效應」又稱「期望效應」，人們通常這樣形容：「說你行，你就行；說你不行，你就不行。」希望某人發展更好，就應該向他傳遞積極的期望。期望對於人的行為影響巨大，積極的期望能促使人們向好的方向發展，消極的期望則使人向壞的方向發展。

從眾和順從是兩種生活中常見的現象，二者是否有區別呢？

心理學的道理你該懂：

有區別。從眾與順從的區別在於是否出於內心自願。放棄原來的意見，以符合群體要求的行為是「從眾」；保留自己的觀點，又不在行動上違背群體意志的現象叫「順從」。

實用性和科學性是管理心理學的主要特點嗎？

心理學的道理你該懂：

是的。管理心理學著重在管理活動之中人類的心理現象及其規律，利用研究結果指導及實踐管理，提高管

理效能。管理心理學的特點主要有兩個：首先是實用性，切入管理實踐，直接解決問題。另一個突出的特點是科學性，也就是採納實證方法做研究。

消費活動由兩個要素構成，一個是消費心理，另一個是什麼？

心理學的道理你該懂：

消費行為。準確把握消費者的心理活動，是準確理解消費行為的前提。而消費行為是消費心理的外在表現，消費行為比消費心理更具有現實性。

我們平時總是感覺別人在注視我們，這被稱為什麼效應？

心理學的道理你該懂：

焦點效應，也叫做社會焦點效應，是人們高估周圍人對自己外表和行為關注度的一種表現。焦點效應意味著人類往往會把自己看作一切的中心，並且錯誤地高估

別人對我們的注意程度。焦點效應其實是每個人都會有的體驗，這種心理狀態讓我們過度關注自我，過分在意聚會或者工作集會時周圍人們對我們的關注程度。焦點效應在銷售上也常常成為業務員的公關手段。

管理心理學有沒有一種方法適用於解決一切問題？

心理學的道理你該懂：

沒有。在研究方法方面，管理心理學並沒有任何一種適用於解決一切問題的通用方法。心理學及社會學的研究方法有很多，如：觀察法、訪談法、問卷法、量表法、個案分析、準實驗研究、社會調查、公眾意見調查等方法為基礎，結合實際管理，根據不同的情況、不同的問題，採用適宜的方法，使問題的解決有客觀的科學根據。

當有陌生人緊靠著你坐下時，人容易產生一種不舒服感，這是為什麼呢？

心理學的道理你該懂：

人與人之間的相處需要個人空間。個人空間是一個心理學名詞，是指人與人之間總是存在著一個不可逾越的距離，一旦在這個距離內受到侵犯，必然引起個人的恐慌和不安。個人空間會隨著個體的移動而移動，比如：兩個人不可能靠得太近坐著，總要保持一定距離，靠得太近，就會感到局促不安，而兩個人所保持的距離就是個人空間，是每個人的身體緩衝區。社會生活中的每個人都需要個人空間，不管是身體還是心理，人與人之間保持一定的距離是必要的，一旦過於親密，必然會產生危機。

下面的描述中，哪些是憂鬱症患者在臨床上的表現？

1. 總是疑心自己沒有把事情做好，反覆檢查核對，還是放心不下。

2. 情緒低沉、感情灰暗、悲觀絕望、喪失興趣、憂心忡忡、心煩意亂、苦惱憂傷，覺得生活沒有意思。

3. 過去感興趣的事物、喜歡參加的活動，現在一點

也提不起興趣。

4.精力不足、疲乏無力，覺得力不從心，對任何事情都顯得十分被動。

5.控制不住地想一些沒意義的事情。

6.神情緊張、焦慮不安、難以自制。

7.對前途悲觀失望，找不到生命的價值和意義。

心理學的道理你該懂：

（2、3、4、6、7）。憂鬱症病人的主要表現就是情緒（心境）低落，具體表現是感到壓抑、不高興、不開心、悶悶不樂、悲傷、沮喪或憂傷，也可能會表現出暴躁易怒，尤其是兒童和青少年。（1）和（5）則是強迫症患者的表現，不是憂鬱症患者的臨床表現。

「名人效應」是什麼意思？

心理學的道理你該懂：

名人效應是指名人出現所能達成的各種效果，包括：引人注意、強化事物、擴大影響。人們模仿名人的心理現象也統稱為名人效應。名人效應已經在各方面產

生了深遠的影響，比如名人代言廣告能夠刺激消費，名人出席慈善活動能夠帶動社會關懷弱者等等。

有一種心理療法不需要語言，你知道這種療法是什麼嗎？

心理學的道理你該懂：

舞蹈療法。舞蹈療法建立在分析心理學、完形心理學及自我心理學的理論基礎之上。舞蹈治療家們認為，透過舞蹈這種運動形式可以矯正人們的適應不良，包括姿勢和呼吸頻率等，也可以釋放潛伏在內心深處的焦慮、憤怒、悲哀和抑鬱等情緒，達到促進身心健康的目的。

一般來說，接待投訴的工作人員穿什麼顏色的衣服比較合適？

心理學的道理你該懂：

藍色。因為藍色具有使人鎮靜的作用。接待投訴的

工作人員穿上藍色的衣服，可以緩解顧客的激動情緒，同時也具有使自己冷靜的效果。此外，藍色還有防止疲勞的作用，也適合自我心理防衛。

著名的「人生八階段」理論是誰提出的？

心理學的道理你該懂：

艾力克森（Erik Homburger Erikson）。艾力克森認為人格的發展貫穿個體的終生，整個發展階段可以劃分為八個階段。分別是：

1.嬰兒時期（0～1.5歲），這是獲得基本信任感及克服不信任感的階段。

2.嬰兒後期（1.5～4歲），這是獲得自主感避免懷疑感與羞恥感的階段。

3.幼兒期（4～5歲），這是獲得主動感克服內疚感的階段。

4.兒童期（6～11歲），這是獲得勤奮感避免自卑感的階段。

5.青年期（12～18歲），獲得認同感而克服角色混亂的階段。

6.成人前期（18～25歲），獲得親密感而避免孤獨感。

7.成人中期（25～60歲），獲得創造力感，避免「自我專注」。

8.成人後期（60歲以上），獲得完美感而避免失望感。

其中前五個階段屬於兒童成長和接受教育的時期。

人為什麼會被催眠呢？

心理學的道理你該懂：

因為「暗示」的作用。儘管許多學者、醫生和心理學家都從各種角度對催眠做了研究，但是絕大部分學者都承認「暗示」在催眠中有著關鍵作用。

洗手間用冷色系還是暖色系好？

心理學的道理你該懂：

暖色系。洗手間最好用黃色、橙色和紅色等暖色

系。因為這些顏色可以刺激腸胃蠕動,改善便秘狀況。但也別過分使用這些顏色,不然可是會引起腹瀉的哦!

哭泣有益健康嗎?

心理學的道理你該懂:

有。根據心理學實驗報告顯示,人在悲傷時內分泌系統就會分泌一些對人體有害的毒性物質,比如:止痛劑、腦內啡、各種荷爾蒙(其中之一就是腎上腺素)。這些物質可以借助淚液排出體外,如果你忍著不哭,那麼毒性物質就會留在體內,對健康產生影響。

兒童性別確認的關鍵期是什麼時候?

心理學的道理你該懂:

2~3歲。2~3歲正是兒童性別確認的關鍵期,此時讓孩子準確無誤地認定自己是男孩還是女孩十分重要。孩子3歲時,父母就應該明確告訴男孩,長大後他會像爸爸一樣是男人;告訴女孩,長大後她會像媽媽一樣是

女人。現代研究認為，健康的人格應該兼有男性和女性的氣質，這樣的人才能更靈活自如地表現自我及適應環境。當孩子經常表露出不當的性別角色傾向時，如：男孩說話嗲聲嗲氣，喜歡塗口紅、擦指甲油，家長就應多加注意。

精神病人可以治癒嗎？

心理學的道理你該懂：

可以。常見的精神疾病，如：精神分裂症和憂鬱症，只要過專科醫生的治療是可以康復痊癒的。

PART2
追本溯源，
探索生命自然科學！

　　蝙蝠為什麼能在夜間準確捕食？動物有沒有自己的語言？水獺冬天愛啃木頭的奧秘在哪裡？豬心情好時，尾巴是什麼形狀的？金絲猴的鼻孔是向上還是向下？竹子開花代表什麼意思？

　　這些關於動物和植物的生長特徵、習性等知識，在本篇中都能找到答案。

是非題

血液溫度低的動物就是冷血動物。

造物者的神祕力量：（錯）

冷血動物並沒有體內調溫系統。

老馬識途是因為馬的嗅覺系統以及聽覺器官比較發達，而且有很強的記憶力。

造物者的神祕力量：（對）

　　馬的臉很長，鼻腔也很大，嗅覺神經細胞較多，這樣就構成了比其他動物更為發達的「嗅覺雷達」。這個嗅覺雷達不僅能鑒別飼料、水質好壞，還能辨別方向，自己尋找道路。另外馬的耳翼很大，而且耳部肌肉發達，轉動相當靈活，位置又高，內耳中有一種特殊的

「曲折感受器」，是用來辨別運動方向以及周圍環境中物體的分佈情況。但最主要的是馬對氣味、聲音以及路途的記憶力相當強。

熊貓和狗熊因為屬於同一個家族，所以長相也差不多。

造物者的神祕力量：（對）

　　熊貓和狗熊都是哺乳綱食肉目的動物，分別屬於貓熊科和熊科。熊貓因為基因缺陷，導致無法感覺肉類的鮮味。這就是為什麼熊貓具備肉食動物的生理特徵，卻不以肉類為主食的原因。食肉目中還有貓科等，老虎就是貓科動物。

動物也有自己的語言。

造物者的神祕力量：（對）

　　俗話說：人有人言，獸有獸語。科學家告訴我們，各種動物也有自己的語言和獨特的「語言交流」方式。

　　猿類動物是人類的「近親」，科學家對猿類的叫聲進行長期的研究，發現猴子攻擊對方時，會發出「嘎！嘎！嘎」的叫聲，表示恐嚇對方，向對方示威。假如對方自認不是對手，就會「吉亞！吉亞」地叫著，逃之夭夭了。

保育類物種不包括植物。

造物者的神祕力量：（錯） X

　　保育類物種是指所有由於物種自身原因或受到人類活動或自然災害影響，而有滅絕危險的野生動植物。廣義而言，保育類物種泛指珍貴、瀕臨絕種或稀有的野生動植物。

杜鵑鳥不會築巢，而是把蛋下到其他鳥的鳥巢裡，讓其他鳥幫忙孵化。

造物者的神祕力量：（對）

　　杜鵑的傳說雖然很美麗，但名聲實在很不好。杜鵑

飛翔的時候，喜歡模擬鷹隼的姿態，用來恐嚇其他的小鳥。而且從不築巢，總是將卵產在喜鵲的巢內，由別的鳥幫忙孵雛。杜鵑的小雛很兇惡，不僅貪食，而且還會排擠巢內其他的小雛，時常將喜鵲的小雛從巢中擠出跌到地上。

蝙蝠有著和貓頭鷹一樣的眼睛，所以擅長在黑夜裡看東西。

造物者的神祕力量：（錯）

蝙蝠體內的「雷達」能發出超音波，藉著接收從障礙物反射回來的信號可以在夜間準確地捕食。

珊瑚其實是一種動物。

造物者的神祕力量：（對）

珊瑚是一種低等動物，屬於內外只有兩個胚層的腔腸科動物。外型好似一個雙層口袋，只有一個口，食物由此入，不能消化的殘渣也由此排出，所以珊瑚並沒有

肛門。口的周圍長著很多觸手，這便是人們覺得看起來像花的東西。觸手能夠捕捉食物，或者振動引起水流，捕食小生物。且不能吸收無機物質，因此珊瑚是動物。

植物進行光合作用需要葉綠素，有的植物葉子是紅色的，所以不需行光合作用。

造物者的神祕力量：（錯）

植物必須進行光合作用製造生長所需的養分，行光合作用一定要有葉綠素。而紅莧菜、秋海棠的葉子雖然是紅色或紫紅色，也同樣能進行光合作用，依然含有葉綠素。至於這些葉子之所以看起來紅紅的，只是因為其中含有紅色的花青素所致。因為花青素含量很多，顏色很濃，以致於把葉綠素的綠色都蓋住了。

不僅蛇鼠一窩的情況在自然界中存在，鳥鼠同穴的情況也同樣存在。

造物者的神祕力量：（對）

　　鳥和鼠同穴，只有在新疆、青海等荒漠大草原才可以看得到。例如：雪雀與鼠同穴，百靈與鼠同穴。

　　鳥與鼠同居，其實對雙方都是有利的。鳥類非常機警，可以幫助鼠望風，當鼠遇到危險時，鳥可以立刻起飛鳴叫，而鼠便可以很快藏到洞裡面。

地球上最大的脊椎動物是鯨魚，最大的無脊椎動物是烏賊。

造物者的神祕力量：（對）

　　有的抹香鯨體長20公尺，重達50噸；有的藍鯨體長33公尺，重達200噸。在大海的深處甚至有30多公尺長甚至40多公尺長的烏賊。

越是深海裡的植物，葉綠素含量越少。

造物者的神祕力量：（對）

　　生長在海中的植物也有葉綠素，不過含量不多。一般離海面近的植物，葉綠素含量就會多一點，越是深海

裡的植物，葉綠素含量越少。藻類之所以有各種不同的
顏色，是因為藻類身體裡還存在著另一種色素──藻膽
素，紅藻中含有較多的藻紅素，藍藻中含有較多的藻藍
素，鹿角藻則含有一種特殊的胡蘿蔔醇，所以是棕色
的。這些色素把藻類本身的少量葉綠素遮蓋住了，所以
從表面上看不到綠顏色。

**瓢蟲身上長著漂亮的花紋和斑點，作用就像斑馬身
上的花紋一樣，是用來當保護自己的。如果有敵人
來襲，瓢蟲藏身在花裡面，就會變成花的一部分。**

造物者的神祕力量：（錯）

　　瓢蟲身上的花紋是警戒色，用來警告敵人：「不要
碰我！」

鮑魚不是魚。

造物者的神祕力量：（對）

　　鮑魚的肉很好吃，是相當名貴的海產。但鮑魚並不

是魚，而是一種附在淺海岩石上的單殼類軟體動物，是海螺的「近親」。鮑魚的身體外邊包著一層石灰質厚殼，因為是一個右旋的螺形貝殼，呈耳狀，所以鮑魚的拉丁學名按字義翻譯就叫做「海耳」。

青蛙吞咽食物的時候必須眨眼睛。

造物者的神祕力量：（對）

青蛙有一張寬大的嘴巴，用長長的舌頭將飛蟲黏住後再送進嘴裡。青蛙沒有牙齒，只能「囫圇吞棗」，把整個食物都吞下肚去。青蛙的眼眶底部並沒有骨頭，眼球與口腔之間只隔著一層薄薄的膜。所以每次吞咽食物的時候，青蛙的眼肌就會收縮，產生眨眼的動作，這時眼球朝著口腔突出，形成壓力，將食物推進食道。所以每當青蛙吞食的時候總是會眨眼睛。

植物開什麼顏色的花是由基因決定的。

造物者的神祕力量：（對）

　　生物基因可分為兩大類：一類叫結構基因，負責展現生物特性；另一類叫調控基因，這是用於控制基因的基因。例如：植物開什麼顏色和形狀的花，就是由結構基因決定的，至於什麼時候開花，則由調控基因決定。

全世界大約有1.4萬種蝴蝶。

造物者的神祕力量：（對）

　　根據文獻，全世界現已記錄的蝴蝶達一萬四千多種。為了方便人們的分類記憶，昆蟲學家依據形態結構、進化發展及血緣關係等條件，把種類繁多的蝴蝶分為十六科，每一科下又分為若干個屬。

在生物界，懷孕生子通常是雌性的事，可是在海馬界並不是這樣，因為承擔懷孕生子任務的是雄海馬。

造物者的神祕力量：（對）

　　在雄海馬的尾巴前面有一個育兒袋，前端有一個小

孔。雌海馬可以把卵直接產到雄海馬的育兒袋中。這樣
由精卵互相結合形成的受精卵就便能在育兒袋內發育。
受精卵最初在育兒袋中經過20～30天以後,已經初步形
成「胎兒」。這個時候,雄海馬會先將尾巴緊緊攀附在
海藻上,然後不斷收縮身體肌肉,育兒袋的袋口就會張
開,小海馬便一條接一條地擠出體外。根據研究,雄海
馬一次就能夠「產」出1～5尾小海馬,大概要用3～5小
時才能完成「分娩」工作。

魚是海洋中數量最多的生物。

造物者的神祕力量:(錯)
海洋中數量最多的生物是浮游生物。

鳥類找到食物後會先吞下去,然後再用牙齒慢慢磨碎以助消化。

造物者的神祕力量:(錯)
鳥類過著飛行生活,活動的強度較大,為了能夠適

應飛翔生活，鳥類於是發展出自己的覓食方式，這種取食方式的特點就是：沒有牙齒，用錐形的嘴巴來啄食，將整粒或者是整塊食物快速吞下，而後要將食物貯藏在發達的嗉囊當中。

食物在嗉囊中經過軟化後會逐步由砂囊磨碎，再由消化系統的其餘部分陸續加以消化吸收。這樣的方式並不需要牙齒也可以大量減輕體重。

恐龍屬於爬行動物。

造物者的神祕力量：（對）

恐龍是生活在幾億年以前的巨大動物，屬於爬行綱中的恐龍目。恐龍的體形之巨大遠非今天的大象、犀牛和河馬所能比擬。

駱駝背上的兩個大駝峰，一個用來儲存水，另一個則用來儲存糧食。

造物者的神祕力量：（錯）

　　駱駝背上的兩個大駝峰儲存的都是脂肪。駱駝有3個胃，其中一個胃是用來儲水的，所以駱駝可以長時間不吃不喝。

鵝是鳥類中壽命最長的。

造物者的神祕力量：（對）
鵝的平均壽命是25歲。

所有生物的血液都是紅色的。

造物者的神祕力量：（錯）
蝗蟲的血液就是綠色的。

螢火蟲的發光器官在頭部末端。

造物者的神祕力量：（錯）
雌螢火蟲的發光器官在身體的最後三節。前面兩節

都會從下面發出光來，並形成一個寬頻狀，第三節能發光的部分小得多，僅僅是兩小點。

　雄螢火蟲發出的燈光更小，只有尾巴末節的兩小點而已。

海豚睡覺時，有一隻眼睛是睜著的。

造物者的神祕力量：（對）

　細心觀察海豚一段時間，便會發現海豚在游泳時，偶爾會閉上其中一隻眼睛。經過腦波實驗，原來這是因為海豚的某一邊腦部正呈睡眠狀態。換句話說，海豚雖然持續游泳，但左右兩邊的腦部卻在輪流休息。

駱駝背上的兩個大駝峰，一個用來儲存水，另一個則用來儲存糧食。

造物者的神祕力量：（錯）

　駱駝背上的兩個大駝峰儲存的都是脂肪。駱駝有三個胃，其中一個胃是用來儲水的，所以駱駝可以長時間

不吃不喝。

蜂鳥是世界上最小的鳥。

造物者的神祕力量：（對）
蜂鳥非常小，和黃蜂一樣大。

鳳梨就是鳳梨科。

造物者的神祕力量：（對）
鳳梨屬於鳳梨科，是多年生草本植物。

夏天的時候，鹿角會比較大還是比較小？

　　A.大　　　B.小

造物者的神祕力量：（A）

　　鹿角上分佈著大量血管，當體溫升高時，鹿角就會像散熱板一樣，把體內的熱量散發出去。

樹樁上的年輪不僅記錄著樹的年紀，還能指示方向。一圈圈的年輪並不是等距的，一面稀疏，一面密集，那麼哪一面指的是北呢？

　　A.稀疏的一面

　　B.密集的一面

造物者的神祕力量：（B）

在北半球，向北的那面由於得不到陽光直接照射，生長得慢，所以年輪密集；相反地，朝南的那一面生長得快，年輪就比較稀疏了。如果在南半球則相反。

人們在岸上行走的腳步聲，能否傳到水中，把水中的魚嚇跑？

A.能

B.不能

造物者的神祕力量：（A）

聲音要靠介質傳遞，沒有介質就不能傳遞。固體、液體、氣體都可以作為傳播聲音的介質。魚的視覺並不發達，但聽覺靈敏。人們在岸上行走的腳步聲，靠著空氣和大地傳播到水中，水與空氣一樣，也是傳播聲音的介質。通過大地、空氣和水傳遞出的聲音，就能引起魚類的警覺而逃之夭夭。

動物的記憶力可以轉移嗎？

A.可以

B.不可以

造物者的神祕力量：（A）

動物的記憶與存在於腦中的核糖核酸、乙醯乙酯等物質有關。這種核糖核酸可以抽取注射，因此動物的記憶力可以轉移。神經化學家認為：動物的記憶力並非不可捉摸，而且具有化學物質特性，由細小的蛋白質分子排列組合而成。透過訓練白鼠受電擊時發生恐怖情緒使之產生記憶力，然後把這種恐怖記憶物質抽取出來，注射到另一隻白鼠身上之後，發現另一隻白鼠不經電擊就產生出恐怖的情緒。換句話說，前者的記憶力被後者繼承了。

鱷魚潛水時，耳孔和鼻孔都是關閉的嗎？
A.是
B.不是

造物者的神祕力量：（A）

鱷魚屬於兩棲類爬行動物，分佈於熱帶和亞熱帶地區，共有25種之多。鱷魚天生就長著一副「朝天鼻」，

鼻孔裡有自動開合的瓣膜，在水底也能呼吸，並可以堅持10小時之久。鱷魚的眼睛突出在頭頂上，瞳孔是垂直的，伏在水底也可以看見水面的東西。鱷魚潛水時不閉眼睛，瞳孔外有一層防水的透明角膜，回到陸地上時，這層膜狀透明物就會像幕布一樣自動向兩邊移縮。

東北虎又叫做什麼？

　　A.西伯利亞虎

　　B.孟加拉虎

造物者的神祕力量：（A）

　　東北虎產於中國、俄羅斯和朝鮮北部，是世界上最大的老虎。又稱西伯利亞虎、烏蘇里虎或滿洲虎。在中國，東北虎的產地分佈在黑龍江和吉林兩省，北起小興安嶺，東到完達山以東，南到長白山，西到東經126度範圍內。

駱駝最早生活在什麼地方？

　　A.非洲

B.北美洲

造物者的神祕力量：（B）

駱駝在動物學上屬於哺乳綱，偶蹄目，駱駝科，是一種反芻動物。人們馴養的駱駝為家畜，能夠幫助人們進行勞動。一個多世紀以前在羅布泊窪地發現的野駱駝，是沒有被人馴化的，屬於自生自滅的原生動物。

對蝦是雌雄成對的嗎？

A.是　　　B.不是

造物者的神祕力量：（B）

實際上，只有成熟的對蝦在繁殖季節才雌雄成對，過短暫的同居生活。另外，漁民捕捉到的對蝦，往往是雌多雄少，這也表示對蝦並不是雌雄成對的。

含羞草是一種很有趣的植物，只要一被碰觸，立即就把葉片合攏垂下，這是因為什麼原因？

A.害羞

B.受刺激後葉片的水分流失

造物者的神祕力量：（B）

含羞草「羞答答」的原因是因為含羞草細胞是由細小如網狀的蛋白質「肌動蛋白（actin）」所支撐。含羞草受到刺激之後，肌動蛋白束散開，細胞被破壞，水分跑出來，以致產生閉合運動。肌動蛋白一般多見於動物的肌肉纖維內，與肌肉伸縮有關。沒想到竟也存在於含羞草內，可說是相當罕見。

小明來到田野，看見土裡有蚯蚓，便對同學小玉說：「蚯蚓在土裡鑽來鑽去，把莊稼都弄壞了，蚯蚓真是個害蟲。」小玉卻說小明錯了。請問到底誰才是對的？

A.小明對

B.小玉對

造物者的神祕力量：（B）

蚯蚓並不是害蟲，蚯蚓可以把土鑽得疏鬆，讓植物的根部更透氣，更容易吸收水分，蚯蚓的糞便又是一種

肥料，所以蚯蚓是植物的好朋友。

美麗的蝴蝶在花叢中飛舞，細心的人會發現蝴蝶飛舞時沒有一點聲音，這是因為什麼緣故？

A.沒有聲腺，不能出聲

B.翅膀震動慢

造物者的神祕力量：（B）

而蒼蠅、蚊子等昆蟲飛行時有嗡嗡聲，是因為牠們翅膀振動得快，而蝴蝶每秒鐘只振翅5～8次。

鸚鵡學人說話主要是依靠什麼器官？

A.舌頭　　　B.喉嚨

造物者的神祕力量：（A）

鸚鵡之所以能夠模仿人說話的聲音，是因為鸚鵡的口腔較大，舌短圓而肉多，特別是兩條支氣管交叉處的鳴管和別的鳥不一樣，這個地方的管壁非常薄，呈薄膜狀，當空氣通過鳴管時，很容易發出聲音。在鳴管的外

面還有很發達的肌肉，叫做鳴肌。由於這部分肌肉的收縮和放鬆，可以改變鳴管的形狀，所以經過訓練，便可模仿出多種像人說話一樣的聲音。

什麼水果的核可做藥？

　　A.桃子

　　B.枇杷

造物者的神祕力量：（A）

　　杏、桃、香瓜的核都可做藥。

蛇能夠不張嘴就把舌頭伸出來嗎？

　　A.能

　　B.不能

造物者的神祕力量：（A）

　　蛇的叉狀紅色舌頭是用來嗅東西而不是用來咬人的。蛇的舌頭是一種特殊的觸覺器官，利用舌頭吸取空氣中或地面上的氣味，所以蛇的嗅覺非常敏銳。蛇利用

一伸一縮的舌頭來追捕獵物，並能辨認出自己的同類。

蒲公英靠什麼傳播種子？

A.風力　　　B.動物

造物者的神祕力量：（A）

蒲公英的花盤像降落傘，由長有絨毛的種子組成。種子成熟時，花盤開裂，在風力或外力的作用下，種子飛散失落，四處為家。遇到適宜的條件，就可以發芽生長。

奶牛有公母之分嗎？

A.有　　　B.沒有

造物者的神祕力量：（A）

奶牛，顧名思義就是「產奶的牛」，但是否母牛才叫奶牛呢？其實，奶牛這個名稱是從經濟學角度來定義的，有公有母，公奶牛的主要任務就是配種，保證每頭母奶牛都在哺乳期，因為只有在受精後母奶牛才會產

奶。公奶牛和母奶牛模樣差不多，也有大乳房，但只有母奶牛才能擠出奶，因為只有母奶牛具有催乳素。所以奶牛是有公母之分的。

魚有心臟嗎？

A.有　　　B.沒有

造物者的神祕力量：（A）

脊椎動物都有心臟，魚屬脊椎動物。

小名和小剛在一起玩。小名拿著一張《孔雀開屏》的畫對小剛說：「你看，這隻雄孔雀多漂亮啊！」小剛說：「不對，這是一隻雌孔雀。只有孔雀姑娘才有這樣五彩繽紛的羽毛！」請問誰說得對呢？

A.小名說得對

B.小剛說得對

造物者的神祕力量：（A）

只有雄孔雀的尾巴有美麗羽毛，張開時如一扇五光

十色的大屏風，人們稱「孔雀開屏」，雌孔雀則沒有。

夏天總會聽到蟬鳴，請問會叫的是雄蟬還是雌蟬：

A.雄蟬　　　　B.雌蟬

造物者的神祕力量：（A）

只有雄蟬會叫，並且是從肚子裡發出來的。

鴛鴦總是以成雙成對在水中嬉戲的形象出現在我們眼前，請問鴛鴦能飛行嗎？

A.能　　　B.不能

造物者的神祕力量：（A）

鴛鴦，屬小型游禽，全長大約40公分。雄鳥羽色豔麗，並帶有金屬光澤。

除了人類之外，其他動物也有血型之分嗎？

A.有

B.沒有

造物者的神祕力量：（A）

人常見的血型有A、B、O、AB四種，罕見的有AB型的RH陰性血型。動物也有血型，有的和人類不一樣，透過對動物血液的研究，發現動物的血型也很複雜。例如：狗的血型有5種，貓的血型有6種，羊的血型為9種，馬的血型為9～10種，豬的血型有15種，牛的血型達40種以上，鼈是ZW型的。植物也有血型，如：蘋果是O型。

樹林邊有條小河，河裡住著一隻可愛的水獺。冬天來了，水獺爬上岸，不停地啃著一根小木棍。每到冬天，水獺就老愛啃木棍，這是什麼原因？

A.磨牙

B.築窩用

造物者的神祕力量：（B）

水獺也叫海狸，主要生活在河邊，身體肥胖，長度大約為80公分，腳上有蹼，善於游泳，平時主要吃草。

142

每到冬天，水獺就開始用一截截小樹棍搭成窩，這就是水獺不停地咬小樹或木棍的原因，牠們必須調整好木頭的長短，才能搬回家去築窩。

築好窩後，水獺們還要用木棍在窩的周圍築一道籬笆，才能擋住水流。

有一隻兔子，先跑上山後又跑下山，來回兩趟都是盡力快跑。請問兔子上山跑得快，還是下山跑得快？

A.上山

B.下山

造物者的神祕力量：（A）

兔子上山比下山跑得快。因為兔子的前腿比後腿短一些，上山時，等於減小了山的坡度，比較省力。

下山時，兔子不易站穩，如果跑得太快很容易失去平衡，而向山下翻筋斗。所以為了安全，兔子下山時不得不放慢腳步。

猴子群中一定有位「領袖」，我們稱之為「猴王」。請問猴王是怎麼產生的？

A.老猴王的兒子

B.打架打贏的猴子

造物者的神祕力量：（B）

猴王是靠武力產生的，最強壯的公猴必需打敗其他挑戰者才能當上猴王。

魚看起來好像沒鼻子，請問牠們能聞到氣味嗎？

A.能

B.不能

造物者的神祕力量：（A）

魚雖然沒有突起的鼻子，但有鼻腔，內有嗅囊，既不用於呼吸，也不與口腔相連，但可聞到水中氣味。魚在水中游動時，水從前鼻孔流入，再從後鼻孔流出，這樣就能嗅出水中的氣味。

把兩隻蝗蟲放在盛有水的容器裡，一隻蝗蟲淹住腹部，一隻蝗蟲頭部倒浸在水中，請問哪一隻蝗蟲會先被淹死？

A.淹住腹部的那隻

B.頭部倒浸在水中的那隻

造物者的神祕力量：（A）

包括蝗蟲在內，許多昆蟲的呼吸器官（呼吸入口）都位於腹部兩側。

與「梅、竹、菊」並列，合稱「四君子」，其中同時被評為中國傳統十大名花之一的是以下哪一項？

A.蘭花

B.牡丹

造物者的神祕力量：（A）

梅、蘭、竹、菊，號稱花中四君子。四君子並非浪得虛名，確實各有特色：梅花剪雪裁冰，一身傲骨；蘭花空谷幽香，孤芳自賞；青竹篩風弄月，瀟灑一生；菊花淩霜自行，不趨炎附勢。

娃娃魚是一種特有的珍稀動物，請問牠為什麼叫「娃娃魚」呢？

A.叫聲像小孩

B.長得像小孩

造物者的神祕力量：（A）

娃娃魚學名大鯢，實際上並不是魚，而是一種兩棲動物，外形有點像壁虎，一般長0.6～1.2公尺，體重10～20公斤。據說就是因為叫聲像嬰兒在啼哭的聲音，故名娃娃魚。

以下哪一項是目前世界上數量最少的鳥。

A.朱鷺

B.蜂鳥

造物者的神祕力量：（A）

朱鷺為瀕臨絕種的鳥類。分佈範圍曾經非常廣大，但後來數量驟降，一度被認為已經滅絕了，再度被發現時全世界僅有七隻，主要棲息地在陝西南部的洋縣。經

過科學家的精心復育，現在已經發展到大約二百多隻。

「打蛇打七寸」的七寸是指？
　　A.心臟
　　B.脊柱

造物者的神祕力量：（A）

　　「打蛇打七寸」、「打蛇打三寸」，都是說打蛇要命中要害。蛇的三寸位於脊椎骨上最脆弱、最容易打斷的地方。蛇的脊椎骨被打斷以後，溝通神經中樞和身體其他部分的通道就會被破壞。而蛇的七寸就是心臟所在，一旦受到致命傷則必死無疑。

以下哪一項符合冬蟲夏草的描述？
　　A.動物
　　B.植物

造物者的神祕力量：（B）

冬蟲夏草是一種具有藥用價值的真菌類植物。

以下哪一項符合最原始的哺乳動物——「鴨嘴獸」的描述？

A.卵生的

B.胎生的

造物者的神祕力量：（A）

鴨嘴獸讓人感到奇特的原因在於其雖然屬於哺乳動物，但卻和爬行動物一樣會產卵。鴨嘴獸的蛋需要十幾天的孵化過程，幼獸才能出世。起初幼獸並不進食，過幾天鴨嘴獸媽媽便會用乳汁來餵養小寶寶。從這一點來看，鴨嘴獸可說是一種相當原始的哺乳動物。

素有「高原之舟」美稱的牲畜是以下哪一項？

A.駱駝

B.犛牛

造物者的神祕力量：（B）

犛牛是青藏高原上特有的動物，毛厚而長，可以臥

雪禦寒，體矮力健，能爬山負重，善於馱運，是高原上的重要交通工具，也是藏民不可缺少的牲畜。另外，被譽為「沙漠之舟」的則是駱駝。

猴子和小兔來到河邊喝水，猴子看見青蛙從水中游過，就對小兔說：「青蛙喝水真方便，嘴一張就行了。」青蛙聽後哈哈大笑，說：「我從不喝水。」猴子說：「不可能吧！」請問誰說的對？

　　A.青蛙
　　B.小兔

　　造物者的神祕力量：（A）
　　青蛙是靠皮膚來吸收水分的，所以沒有必要喝水。

以下哪一項有「地下蘋果」之稱？

　　A.花生
　　B.馬鈴薯

　　造物者的神祕力量：（B）

　　馬鈴薯富含醣類，含有較多的蛋白質和少量脂肪，也含有粗纖維、鈣、鐵、磷，還含有維生素C、維生素B1、維生素B2，以及分解後可產生維生素A的胡蘿蔔素。同等重量下，馬鈴薯的營養價值是蘋果的3.5倍，所以有「地下蘋果」之稱。

世界自然基金會（World Wide Fund for Nature）的會徽是什麼？

A.丹頂鶴　　B.熊貓　　C.駱駝

造物者的神祕力量：（B）

因為熊貓象徵友誼使者和平的形象，世界自然基金會在1983年經過投票，決定用熊貓作為該會的會徽。

冬眠的動物有很多種，大部分動物冬眠時都會趴在洞裡呼呼大睡。但蝙蝠很特殊，牠並不是趴著睡的。請問蝙蝠是用什麼姿勢冬眠的？

A.站在樹枝上　　B.抱著樹枝　　C.倒掛在洞頂

造物者的神祕力量：（C）

　　蝙蝠的冬眠姿勢的確和其他動物不一樣，既不是站著睡，也不會抱著樹枝睡。牠們冬眠時是用寬大的翅膀把自己裹起來，然後倒掛在山洞頂上呼呼大睡。大家可能會擔心，蝙蝠睡著了會不會掉下來？不會的，因為蝙蝠平時都是這樣睡覺，牠們會這樣睡整整一個冬天。

揚子鱷在什麼地方產卵？

　　A.草叢中　　　B.水中　　　C.樹林中

造物者的神祕力量：（A）

　　揚子鱷俗稱豬婆龍或土龍，是中國特有鱷魚種類，亦是世界上體型最小的鱷魚品種之一。每年7、8月份揚子鱷會在草叢中產卵，每次2～6枚左右，大小如鴨蛋。

天氣炎熱時狗兒經常把舌頭伸出來，這是為了什麼原因？

　　A.散熱　　　B.吸引異性　　　C.表示友好

造物者的神祕力量：（A）

狗是一種恆溫動物，但牠們的皮膚表面並沒有汗腺，唯一的汗腺只生在舌頭上。所以在炎熱的夏天，狗兒總會伸出舌頭上氣不接下氣地喘氣，這是因為要利用舌頭出汗調節體溫的緣故。

下列哪一項符合貓頭鷹暫時休息的樣子？

A.兩隻眼都睜著

B.睜一隻眼閉一隻眼

C.兩隻眼都閉著

造物者的神祕力量：（B）

貓頭鷹和人一樣也會睡覺，睡著了以後兩隻眼睛完全是閉著的，特殊的是牠們白天睡覺晚上才醒過來。如果貓頭鷹覺得累想休息一下，就會睜一隻眼閉一隻眼，讓兩眼輪流休息，睜開眼睛的時候一定都是醒著的。

金錢豹怎麼處置吃不完的獵物？

A.藏在草叢裡

B.拖進洞穴裡

C.掛在樹枝上

造物者的神祕力量：（C）
金錢豹會把暫時吃不完的食物掛在樹枝上慢慢享用。

海豹是非常可愛的動物，主要生活在寒冷的北極和南極，尤其是北極更多。海豹在水裡時，經常會把頭頂的冰層打個洞，請問這麼做是為了什麼原因？

A.吸引魚兒們往上跳

B.使呼吸和進出更加方便

C.尋找食物

造物者的神祕力量：（B）
冬天來臨時，天氣非常寒冷。相對於陸地，大海暖和多了，於是海豹經常待在海水裡。海豹會把冰面打破，一來呼吸更加方便，二來也可以從這個洞口進出。

秋天楓葉變紅主要是因為什麼原因？

A.葉綠素沒有作用了

B.類胡蘿蔔素開始作用

C.植物體內累積較多的糖分，形成花青素

造物者的神祕力量：（C）

　　葉子裡有大量綠色的物質，叫做葉綠素。因為葉子裡含的葉綠素最多，大大超過了其他幾種色素的顏色，所以葉子是綠色的。秋天時，楓葉的葉綠素被破壞，花青素的顏色顯現，所以葉片變得豔紅。

下列哪一項描述符合我們常吃的馬鈴薯？

A.塊根　　　B.果實　　　C.塊莖

造物者的神祕力量：（C）

　　馬鈴薯是塊莖，能貯藏營養。

秋天時分，萬木凋零，落葉滿地。請問樹枝上哪部分的葉子會最後掉落？

A.靠近樹幹的部分

B.樹枝的中間部分

C.樹梢

造物者的神祕力量：（C）

樹木在生長時，會把大量的養份送上樹梢，所以樹梢平時得到的養份最多，葉子也就能多生存一段時間。

「橘子」中唯一不被拿來製成中藥的是哪部分？

A.果肉　　　　B.果皮　　　　C.籽粒

造物者的神祕力量：（A）

「橘」俗稱「桔」，果實呈球形稍扁，果皮紅黃色，果肉多汁，味道甜。果皮、種子、葉子均可作中醫入藥。

能夠在夜間釋放氧氣的植物是以下哪一項？

A.吊蘭　　　B.仙人掌　　　C.紫羅蘭

造物者的神祕力量：（B）

仙人掌原產於美洲沙漠地帶，在乾旱酷熱的環境中

演化出一種奇特的本能：它不會在白天打開氣孔，防止本身水分過度蒸發，到了夜間才把氣孔打開，吸收二氧化碳，放出氧氣。所以在室內放置仙人掌可以增加室內的新鮮空氣，並能使空氣中負離子的濃度增加，產生調節和淨化室內空氣的作用。

炎熱的夏季，我們在樹下納涼時，常常可以聽到蟬「知了知了」地鳴叫，請問牠是用什麼部位發出聲音的呢？

　　　A.嘴巴　　　　B.腹部　　　　C.尾部

　　造物者的神祕力量：（B）
　　蟬的腹部兩側各有一對發音器。

植物的根總是朝下生長，莖總是朝上長，原因是什麼？

　　　A.本能　　　B.地心引力作用　　　C.無法解釋

　　造物者的神祕力量：（B）

Ⓑ

　　這是地心引力的關係。植物有「向性」現象，例如：葉子受到單方向陽光的照射，就朝著陽光的方向生長，使葉面與陽光垂直，這叫做「向光性」。根和莖受到地心引力的單向作用，便會產生向地或背地生長的現象，這叫做「向地性」。

負責製造蜂蠟的是哪種類型的蜜蜂？

　　A.蜂后　　　　B.雄蜂　　　　C.工蜂

造物者的神祕力量：（C）

　　蜂蠟是由大約兩周齡的工蜂負責生產的脂肪性物質。蜜蜂吸取蜂蜜，經過泌蠟器官——蠟腺後，分泌出一種液體，遇空氣變冷凝結成鱗片狀，再由這些鱗片聚合而成蜂蠟。蜂蠟在常溫下呈固體狀態。

大雁飛翔時的隊形變化與下列哪一項有關？

　　A.頭雁的叫聲　　　B.風向的變化　　　C.天氣的陰晴

造物者的神祕力量：（B）

　　大雁飛翔的時候，領頭雁揮動翅膀，便會產生一股
上升氣流，後面的雁也跟著揮動翅膀，靠著這股上升氣
流托著雁身，可以在飛行時節省力氣，於是隊伍便自然
排成了「一」字或「人」字。隊形呈現什麼形狀，會隨
著風向而變化。風迎面吹來時，領頭雁在中間，雁群排
成「人」字；風從旁邊吹來時，領頭雁在迎風的那一
邊，雁群排成「一」字。

大蒜的鱗莖就是以下哪一項？
A.蒜頭　　　　B.蒜苗　　　　C.蒜薹

造物者的神祕力量：（A）
蒜頭是蒜的鱗莖，略呈球形，是由許多蒜瓣構成。

不熟的柿子吃起來有澀味，是因為其中含有以下哪一項？
A.檸檬酸　　　　B.澱粉粒　　　　C.單寧

造物者的神祕力量：（C）

因柿子中含有較多的單寧，容易刺激胃壁造成胃液分泌減少。若是空腹過量食用，或與酸性食物及白酒等同食，易得「柿石」，又稱「胃柿石」，會妨礙消化甚至導致胃痛。柿子不宜與蛋白質類食物一同食用。

鼯鼠又叫做什麼？

A.飛鼠　　　　B.爬鼠　　　　C.跳鼠

造物者的神祕力量：（A）

鼯鼠能從一棵樹滑翔到另一棵樹，滑翔的距離可達到180公尺，就像在樹叢間飛翔一樣，所以鼯鼠又叫飛鼠。

下列哪種植物的莖是空心的？

A.楊樹　　　　B.竹子　　　　C.月季

造物者的神祕力量：（B）

竹子等單子葉植物的莖中間是空心的，這些植物莖中央的髓部很早就已經萎縮而消失了，本來這些植物的

PART2
追本溯源，探索生命自然科學！
輕鬆學習知識！一起愛上這個世界吧！
Funny Knowledge You Never Know.

160

莖也是實心的，只是在長期進化過程中，莖便慢慢地變空了。

下列哪些樹是雌雄異株的？

A.桃樹　　　　B.銀杏　　　　C.柳樹

造物者的神祕力量：（B）

銀杏樹是非常珍貴的古老樹種。銀杏，古稱「鴨腳」，亦稱「白果」、「公孫樹」，屬銀杏科。落葉喬木，雌雄異株，是全球最古老的樹種，曾與恐龍生活在同一個時代。

鮭魚逆游到上游是為了什麼原因？

A.產卵　　　　B.求偶　　　　C.找食

造物者的神祕力量：（A）

鮭魚又稱大馬哈魚，屬魚綱、鮭科，溯河洄游魚類。每當秋季來臨時，成熟的鮭魚便會成群結隊地從大海逆游回到河流的上游，也就是鮭魚們原來的繁殖場地

進行產卵。

金絲猴的鼻孔朝哪個方向？

A.向上　　　　B.向下　　　　C.水準

造物者的神祕力量：（A）

　　毛色豔麗的金絲猴是中國特有的猴類。體長53～77公分，尾巴與體長差不多。金黃而略帶灰色的毛既厚又長；藍色臉龐上的鼻孔朝上，嘴唇顯得寬厚，因而又名「仰鼻猴」。

西瓜屬於以下哪一科？

A.瓜科　　　　B.茄科　　　　C.葫蘆科

造物者的神祕力量：（C）

　　西瓜是葫蘆科，別名「寒瓜」、「伏瓜」、「夏瓜」、「水瓜」、「青橙瓜」等，屬於一年生蔓性草本植物，原產地在南非，西元前一世紀左右沿著絲綢之路傳到西域，漸又傳入中國，西瓜也由此得名。由於味道

美味可口，所以被譽為「夏季瓜果之王」。

在重陽節插茱萸是一項重要的風俗，這裡的茱萸是指什麼？

A.草　　　B.果實　　　C.花

造物者的神祕力量：（B）

茱萸是一種可以用做中藥的果實，在秋後成熟，嫩時呈黃色，成熟後變成紫紅色。

蝦類依靠什麼呼吸？

A.鰓　　　B.鱗　　　C.尾巴

造物者的神祕力量：（A）

魚的呼吸方式大家都很熟悉，魚張口吸進溶有氧氣的水，閉口時，水便從鰓蓋後面流出。水流經鰓片時，鰓血管中的血液便可與水進行氣體交換。有人也許會因此而推想：蝦的呼吸方式一定跟魚差不多吧。但事實恰恰相反，蝦進行呼吸時是從頭胸甲後方把水倒吸進身體

裡的。

蜜蜂中的工蜂是雄性還是雌性？

A.雄性　　　B.雌性　　　C.雄雌同體

造物者的神祕力量：（B）

工蜂是生殖器官發育不完全的雌蜂，專司築巢、採集食料、哺育幼蟲、清理巢室和調節巢溫等。

狼為什麼會在夜裡嚎叫？

A.集結狼群　　B.恐嚇天敵　　C.饑餓難耐

造物者的神祕力量：（A）

狼在夜裡號叫是為了集結成群，然後外出覓食。

如果被甲魚咬住手，應該怎樣處理？

A.將手連同甲魚一起放入水中

B.卡住甲魚的脖子

C.敲打甲魚的背蓋

造物者的神祕力量：（A）

甲魚攻擊時很兇猛，如果被甲魚咬住手，應將手連同甲魚一同放入水中，甲魚便會鬆嘴逃掉。

在動物園裡常看到猴子用手在彼此身上翻弄，然後往嘴裡送。猴子尋找的是什麼？

A.跳蚤　　　B.一種鹽質結晶　　　C.蝨子

造物者的神祕力量：（B）

過去人們誤認為猴子在身上翻弄然後放入嘴中的是跳蚤，其實牠們找的是一種鹽質結晶。

鰻魚除了用鰓呼吸外，還可以用什麼呼吸？

A.皮膚　　　　B.腸道　　　　C.眼睛

造物者的神祕力量：（A）

鰻魚是一種奇特的淡水魚類，除了用鰓呼吸以外，

皮膚也會呼吸。如果水中缺氧，便會嘔吐，而且一條鰻魚嘔吐，所有的鰻魚都會跟著吐，所以養殖業者都備有增氧設備，以便為養殖池增加氧氣。

紫羅蘭的原產地是：

A.非洲　　　　B.亞洲　　　　C.南美洲

造物者的神祕力量：（A）

紫羅蘭屬葵科草本植物，原產於地中海及周邊地區，如今遍佈世界各地。花瓣展開時猶如羽翼一般，十分美麗，又被稱為紫翼天葵、藍錦葵。氣味優雅迷人，帶來浪漫、溫馨的感覺。

「奇異鳥」是紐西蘭的國鳥，「奇異果」卻是紐西蘭從其他國家引進的，請問這種水果原來叫做什麼？

A.橘子　　　　B.李子　　　　C.獼猴桃

造物者的神祕力量：（C）

紐西蘭國家公園裡種植著從中國引進的獼猴桃，取名「奇異果」。

豬心情好時，尾巴是什麼形狀？

A.卷起來　　　B.上下擺動　　　C.翹起來並左右擺動

造物者的神祕力量：（C）

豬在心情很好時，尾巴會微微翹起左右搖個不停。平時豬的尾巴只會微微向上翹起，生病或與其他豬爭鬥打敗的時候，尾巴則會垂下。

大象長著長長的鼻子和長長的門牙，請問象牙是用來做什麼的？

A.嚼食　　　B.探路　　　C.防襲擊

造物者的神祕力量：（B）

大象一邊走，會一邊用長門牙插入地面，借此判斷地面的硬度是否能承受自己的體重。

四選一

愛德華·詹納醫生（Edward Jenner）是從哪種動物身上取得疫苗來預防天花的？

A.奶牛　　　B.豬　　　C.公雞　　　D.蛇

造物者的神祕力量：（A）

　　詹納醫生發現擠牛奶的女工多數曾染過牛痘，這是一種病毒所引發的皮膚病，這種病毒會透過與牛隻的接觸而傳染給人。他發現擠牛奶的女工幾乎不會得到天花，於是便仔細研究，製成了以牛痘漿置備的疫苗，所以叫牛痘。

「滿江紅」被詩人用來作為詞牌名，而在自然界中其實是一種什麼東西？

A.水生蕨類植物　　　B.浮游動物

PART2
追本溯源，探索生命自然科學！
輕鬆學習知識！一起愛上這個世界吧！
Funny Knowledge You Never Know.

168

C.喬木　　　　　D.菌類植物

造物者的神祕力量：（A）

滿江紅又名紅萍，是一種很小的水生漂浮蕨類，莖細弱易斷。

桃子內堅硬的核屬於以下哪一部份結構？

A.種子　　　　B.種皮

C.內果皮　　　D.外果皮

造物者的神祕力量：（C）

桃子長著絨毛的外層是外果皮，中間多汁的肉質部分是中果皮，內心堅硬的核是內果皮，而種皮是裹在胚外薄如紙片的東西。

動物和人一樣也要睡覺，有些動物的睡覺方式很有趣，請問以下哪個選項的敘述是真的？

A.魚睜著眼睛睡覺

B.鶴用兩條腿著地站著睡覺

C.馬趴著睡覺

D.狗把耳朵貼著前肢睡覺

造物者的神祕力量：（A）

鶴睡覺時單腿站立，馬站著睡，狗習慣一隻耳朵貼在地上睡覺。

保育類動物中有一種曾經是地球上除人類以外分佈最廣的哺乳動物，請問是以下哪一項？

A.灰狼　　B.棕熊　　C.西伯利亞虎　　D.雪豹

造物者的神祕力量：（A）

灰狼曾廣泛地分佈在北半球的大部分地區，是除人類以外分佈最廣的哺乳動物。自人類開始放牧以來，狼遭到無情的虐殺。如今灰狼已經瀕臨滅絕。

以下哪項描述符合蚯蚓被斷為兩截之後的現象？

A.會慢慢死去

B.有頭的一截會存活下來，另一截則會死去

PART2
追本溯源，探索生命自然科學！
輕鬆學習知識！一起愛上這個世界吧！
Funny Knowledge You Never Know.

170

C.有尾的一截會存活下來，另一截則會死去

D.兩截都會存活下來，變成兩條蚯蚓

造物者的神祕力量：（D）

蚯蚓被截為兩截以後，斷面上的肌肉組織就會加強收縮，一些肌肉組織快速溶解，然後形成新的細胞團。同時，蚯蚓體內的消化道、血管以及神經系統等組織細胞，經過分裂，快速生長，再生出另外一個頭來，另一端也會自然生出一條尾巴來。所以一條蚯蚓被截成兩截以後不但不會死，還能夠再生。值得研究的是，並非每一種蚯蚓都有那麼強的再生能力，有的種類再生能力很強，幾乎每一種器官都可以再生，有的則相對較弱。另外頭部比尾部的再生速度慢。

獵豹最擅長的是以下哪件事？
A.游泳　　B.爬樹　　C.跑步　　D.跳遠

造物者的神祕力量：（C）

獵豹是一種貓科動物，分佈於亞洲以及非洲大草原。獵豹的腿比較長，身體也較細，是世界上短跑速度

最快的哺乳動物。在較短的距離內，尤其是在捕捉獵物時，牠們的時速可達115公里。

馬用耳朵來表達各種情緒，請問「耳朵直豎，微微搖動」表示什麼？

A.很高興　　B.不高興　　C.疲勞　　D.緊張

造物者的神祕力量：（A）

馬的語言還包括：雙耳一齊朝前豎立，表示警惕；雙耳一齊朝後，緊貼到脖頸上，表示要發動攻擊；雙耳前後轉動，表示一切正常。

你知道蚊子吸血是為了什麼？

A.發育　　B.補充能量　　C.交配　　D.產卵

造物者的神祕力量：（D）

蚊子為了產卵會吸4~5天的血。一旦雌蚊吸血後，就會把血液貯存在消化管之中，然後逐漸消化吸收。卵巢吸收血液中的養分後，卵粒逐漸成熟，在吸完血4～5

日後產卵。

有些種類的松鼠不需冬眠。請問牠們將過冬食品儲藏在哪裡呢？

A.附近的樹洞　　B.地底下或樹枝間

C.窩中的倉庫　　D.附近的空鳥巢

造物者的神祕力量：（B）

不需冬眠的松鼠，會利用樹洞或樹枝做窩。牠們挖掘地洞將食物放進洞中，再用樹葉覆蓋。為了避免大雪後找不到儲藏的位置，有時也會把一部分食物放在高處的樹枝間，以便隨時取用。

我們常吃的辣椒屬於哪一類蔬菜？

A.葉菜類　　B.茄果類

C.瓜菜類　　D.水生菜類

造物者的神祕力量：（B）

辣椒又叫番椒、海椒、辣子、辣角、秦椒等，是一

種茄科辣椒屬植物。屬於一年生草本植物。果實通常成圓錐形或長圓形，未成熟時呈綠色，成熟後變成鮮紅色、黃色或紫色，以紅色最為常見。

熊貓外表溫順，但牠在進化過程中曾經是食肉的猛獸，因此並不是很合群。以下哪一項符合熊貓的天然生活習性？

A.分散獨居　　　B.群居
C.雄性獨居　　　D.雌性獨居

造物者的神祕力量：（A）

熊貓是獨居動物，巢域相當明確，雄性個體的巢域通常很大，接近30平方公里，一般會和多個雌性個體的巢域重疊。

一般而言，人參每年能長出幾片葉子？

A.一片　　B.兩片　　C.三片　　D.四片

造物者的神祕力量：（A）

　　人參的葉片數和生長年限多寡有關。一年生為一枚三片小葉複葉，稱「三花」；兩年生為一枚五片小葉複葉，稱「巴掌」；三年生兩枚五片葉複葉，稱「二甲子」；三年參方能開花結果；四年參有三枚複葉，稱「燈檯子」；五年參有四枚複葉，稱「四品葉」，六年參有五枚複葉，稱「五品葉」，也有六枚複葉的，稱「六品葉」。人參生長六年之後，葉數便不再變化。

老鼠每分鐘呼吸約多少次？
A.30　　B.50　　C.150　　D.200

　　造物者的神祕力量：（C）
　　老鼠在正常情況下每分鐘呼吸150次，但是當體溫降到15攝氏度時，每分鐘只會有兩下淺淺的呼吸。

有些動物可以「預報」天氣變化，烏龜就是其中一個「氣象專家」。請問俗語說：「烏龜背出汗」代表即將出現以下哪一種天氣現象？
A.晴天　　B.要下雨　　C.刮大風　　D.下冰雹

造物者的神祕力量：（B）

快要下雨之前，因為氣壓低，空氣濕度大，所以空氣中的水分很容易凝結在龜背上。

猩猩的馬來文名稱代表什麼意思？

A.森林人　　B.守林人

C.靈長者　　D.智慧動物

造物者的神祕力量：（A）

在婆羅洲熱帶雨林裡，生活著一群紅色精靈——紅毛猩猩。紅毛猩猩被當地土著人稱為「森林人」。與黑猩猩、倭黑猩猩、大猩猩同屬於猩猩科，是與人類血緣最近的動物之一，非常聰明。

鱷魚兇猛異常，但也有致命的弱點，請問鱷魚最害怕見到以下哪一種顏色？

A.紅色　　B.黑色　　C.白色　　D.黃色

造物者的神祕力量：（D）

　　鱷魚最怕黃色，人類在水中穿著黃色的泳衣就能嚇
跑兇猛的鱷魚。

一般來說人和動物都只有一個胃，可是牛卻不一樣。請問牛有幾個胃？

　　A.2個　　　B.3個　　　C.4個　　　D.5個

　　造物者的神祕力量：（C）

　　牛的四個胃分別是瘤胃、蜂巢胃、重瓣胃、皺胃。

蕨類植物是經由以下哪一項來進行繁殖？

　　A.花　　　B.果實　　　C.根　　　D.孢子

　　造物者的神祕力量：（D）

　　蕨類植物沒有花，也沒有果實和種子，以孢子來進
行繁殖。大致可以分為松葉蕨、石鬆、木賊（以上為擬

蕨類）和真蕨（真蕨類）4個綱目。

請問松鼠猴來自什麼地方，屬靈長目，特別愛親近人類。

A.南美洲　　B.非洲　　C.歐洲　　D.亞洲

造物者的神祕力量：（A）

　　松鼠猴是南美洲常見的一種猴子，棲息在海平面至海拔1500公尺高處的樹林中。松鼠猴背部呈橄欖綠，腹部黃白，四肢桂黃、嘴部為黑色，眼睛周圍有兩個白圈，看起來就像個小丑。松鼠猴喜歡群居生活，經常和上百隻猴子生活在一起。

古人常用松鶴延年圖來表示祝壽，但其實松樹和鶴並不太可能生長在一起。請問鶴真正的生長地在哪裡？

A.沼澤地　　B.山地　　C.平原　　D.丘陵

造物者的神祕力量：（A）

鶴喜歡生長在沼澤地附近，古人認為兩種生物同樣可以代表長壽，所以就把鶴和松樹畫在一起了。

熊號稱是動物中的大力士，可是牠卻有一個部位最怕被襲擊，請問是哪裡？

A.鼻子　　B.頭　　C.肚子　　D.腳掌

造物者的神祕力量：（A）

熊的鼻子是各器官中最敏感的部位，聚集了許多神經組織，一旦鼻子遭到硬物碰撞，熊就會暈倒在地。

以下哪種花是最大的？

A.梨花　　B.梅花　　C.菊花　　D.霸王花

造物者的神祕力量：（D）

霸王花又叫「大王花」或「屍花」，因碩大無比的花朵而得名。霸王花的花朵是世界上單朵最大的花，每朵花開5瓣，直徑可達1.5公尺，重9公斤左右。霸王花的花瓣又厚又大，外觀帶有淺紅色的斑點，每片花瓣長

40公分左右。霸王花的花心就像臉盆，盛滿水約有5公升，可以容納一個三歲左右的小孩。為了吸引昆蟲傳播花粉，這種花會偽裝成動物，散發微微的熱量和如腐屍般的臭味。

春天漫天飛舞的柳絮是柳樹的什麼部分？

A.花瓣　　B.花蕾　　C.種子　　D.葉片

造物者的神祕力量：（C）

柳絮是種子。為了方便種子傳播，繁衍後代，於是演化出可以隨風飄蕩的絨毛。

只有蘭科植物才是真正的蘭花，名稱中有「蘭」字的植物並不一定是真正的蘭花。請問下列哪一種植物不是真正的蘭花？

A.君子蘭　　B.兜蘭　　C.蝴蝶蘭　　D.蕙蘭

造物者的神祕力量：（A）

君子蘭是花葉兼賞的名貴盆栽花卉，屬於石蒜科。

君子蘭葉態優美，形似劍，所以又名劍葉石蕊。葉片基部套疊成鱗片狀，像一股粗壯的噴泉般平地湧出，而有光澤。

動物中的「千里眼」是指以下哪一種動物？

A.啄木鳥　　B.大雁　　C.貓　　D.鷹

造物者的神祕力量：（D）

　　鷹雖然在離地1千公尺以上的高空中翱翔，依舊能清楚看到地面小動物的活動的情景。

　　科學家仔細研究過鷹眼，發現鷹是用低解析度、寬視野的部分搜索目標，用高解析度、窄視野的部分仔細觀察已經發現的目標。

比起其他哺乳動物，熊貓的生育能力並不是特別強，這也是熊貓數量不多的原因之一。通常熊貓一胎產出多少小熊貓？

A.3隻　　　　　　　　B.5隻

C.1～2隻，偶產3隻　　D.4隻，偶產3隻

造物者的神祕力量：（C）

　　熊貓產子多為單胎，即使產下雙胎也往往只能撫養其中一隻。而且幼子非常脆弱，很容易因為缺乏營養、患病、氣候惡劣或遭遇天敵而夭折。

蘿蔔是一種常見蔬菜，不僅可以入菜，還可以做成醬菜。請問，哪個季節時蘿蔔會變成空心？

　　A.春天　　　B.夏天　　　C.秋天　　　D.冬天

造物者的神祕力量：（A）

　　蘿蔔一般在七八月間栽種，霜降前收穫，到了冬天味道更加甜美，肉質也更緻密，而到了春天就會出現空心、腐爛等現象。

蜜蜂中的「蜂王」和「工蜂」分別是什麼性別？

　　A.雌蜂、雄蜂　　　　B.雌蜂、雌蜂

　　C.雄蜂、雄蜂　　　　D.雄蜂、雌蜂

造物者的神祕力量：（B）

蜂王是唯一發育完全的雌蜂，蜂王的唯一工作就是產卵。工蜂都是不會生育的雌蜂，個體最小，要擔當蜂群的一切勞務，如：採集花蜜和花粉、製造蜂糧、哺育幼蜂、提供食物給蜂王、修建巢房、守衛蜂巢、調節蜂群內的溫度和濕度等。

下列動物的尿液中，尿素含量最高的是哪一種？

A.兔　　B.羊　　C.牛　　D.狼

造物者的神祕力量：（D）

狼是肉食性動物，食物中含有豐富的蛋白質，蛋白質在代謝過程中會隨著脫氨基作用產生尿素，隨著尿液排出。

下面哪些動物是既需要冬眠又需要夏眠的動物？

A.熊　　B.蛇　　C.蝸牛　　D.老虎

造物者的神祕力量：（C）

在某些地區，到了炎熱的夏季乾旱少雨，植物開始枯黃，蝸牛找不到理想的食物，便會躲進自己的殼中，用夏眠的方法來度過炎熱乾旱、缺少食物的季節。

綠鬣蜥主要是靠身體的哪部分游泳？

A.前後肢劃水　　　B.靠瘦長身體擺動

C.靠長長的尾巴　　D.靠枯枝順水漂流

造物者的神祕力量：（C）

綠鬣蜥尾巴很長，可用來當做防禦的武器，游泳時則可推動身體，以及躲避敵害。

下列海洋生物中，有強烈「家庭觀念」的是哪一種？

A.海豹　　　B.海豚　　　C.鯨　　　D.鯊魚

造物者的神祕力量：（C）

鯨通常成群活動，就像人類的家庭一樣，幼鯨和父母會一起生活長達15年之久。海洋生物學家發現捕鯨船

在捕殺灰鯨的時候，灰鯨父母會誓死保護雛鯨，抵抗捕
鯨船的各種威脅。

國王企鵝通常都在哪一個月份產卵？

A.3　　B.5　　C.8　　D.9

造物者的神祕力量：（B）

雌國王企鵝在5月份左右產卵，其他種類的企鵝每
次會產2枚，但國王企鵝每次只產1枚卵。雌企鵝產卵
後，便算暫時完成任務了。因為雌企鵝在產卵過程中消
耗了大量的體力，早已饑腸轆轆，產完卵便不顧一切地
奔向大海去覓食，孵蛋的重任便交給了雄企鵝。

蠶一生會蛻幾次皮？

A.1　　B.2　　C.3　　D.4

造物者的神祕力量：（D）

蠶在生長過程中表皮無法隨著身體而長大。當身體
長大受到限制時，蠶就會蛻皮。蛻皮時，看起來好像在

睡覺，時間大概要一整天。等到新皮形成之後，蠶就又
會開始吃桑葉了。蠶的一生會蛻四次皮。

一年四季都有不同的花兒爭奇鬥豔，但是卻很少見到竹子開花。請問一旦竹子開花，就代表什麼意思？

A.竹子開始成熟

B.竹子將要長出竹筍

C.竹子營養豐富，會長得更茂盛

D.竹子的生命將隨之結束

造物者的神祕力量：（D）

竹子一般十幾年或幾十年才會開一次花、結一次
籽。但如果遇到特別惡劣的環境，例如：特別乾旱嚴重
的病蟲害或營養不良等，竹子也會提前開花。通常竹子
開花時，竹葉製造的所有養分都會被用來作為開花結果
所需的能量。竹子盡其所能，把所有的精華全部濃縮到
花和種子中。等到開完花結完籽，竹子中貯藏的養分也
就耗光了，所以開花後不久，竹子就會綠葉凋零、枝幹
枯萎而死。而種子則重新孕育著希望，等到在環境條件

適宜的時候，就可以長出新的竹子來。因此，竹子一旦
開花就預示著即將死亡。

牛、馬也有年輪，請問是長在哪裡？
A.蹄上　　　B.耳朵上　　　C.鼻子上　　　D.牙齒上

造物者的神祕力量：（D）

哺乳動物之中，如：馬、牛、羊、駱駝、騾子等的
牙齒都會在鈣化過程中留下年輪。所以只要看一看牛、
馬的牙齒，就可準確看出其年齡。

有些樹木表面損傷時會流出一些無色透明的樹液，有些則會流出乳白的樹液，比如：橡膠。那麼龍血樹流出的樹液呈什麼顏色？
A.無色透明　　　B.乳白色　　　C.綠色　　　D.紅色

造物者的神祕力量：（D）

在西雙版納的熱帶雨林裡有一種龍血樹，表皮受損
之後，便會流出一種紫紅色的樹汁，把受傷部分染紅。

這種紅色樹脂可以加工成一種中藥，稱為「血竭」，與麒麟血藤所產的「血竭」具有相同的功效。

「活化石」指的是以下哪種動物？

A.海豚　　　B.海獅　　　C.鯨魚　　　D.中華鱘

造物者的神祕力量：（D）

中華鱘又稱鱘魚、鱘龍魚、龍魚，是地球上現存最古老的脊椎動物之一，開始於與恐龍同期的第三紀，衍生至今已有1億5千多萬年，是難得的珍稀魚類，有「活化石」的美譽。

花的顏色由花瓣中所含的色素決定，所以白花含有什麼色素？

A.含淡藍色色素　　　B.不含色素

C.含淡綠色色素　　　D.含白色色素

造物者的神祕力量：（B）

花的顏色是由花瓣中的色素決定的，白色花朵中並

PART2
追本溯源，探索生命自然科學！
輕鬆學習知識！一起愛上這個世界吧！
Funny Knowledge You Never Know.

188

沒有含色素。

世界上共有8種老虎，其中哪一種屬於中國特有的老虎？

A.孟加拉虎

B.東北虎

C.華南虎

D.印度支那虎

造物者的神祕力量：（C）

華南虎是中國特有的虎種，生活在中國大陸的中南部。華南虎於1996年被國際自然保護聯盟列為保育類的十大物種之一。

狐獴又叫灰沼狸、尖嘴獴、細尾獴，屬食肉目的什麼科？

A.靈貓　　B.浣熊　　C.鼬科　　D.貓科

造物者的神祕力量：（A）

狐獴為非洲群棲性最強的哺乳動物之一。警覺性很強，群體中常有一些站立起來負責警戒的「哨兵」。

下列有袋類動物中哪一種的育兒袋是朝後開口的？

A.袋熊　　B.袋狸　　C.袋狼　　D.袋鼠

造物者的神祕力量：（A）

袋熊的育兒袋是朝後開口的，因為牠們是穴居動物，擅長挖洞；如果育兒袋向上開口，沙土很容易就會落入育兒袋中。

鱷魚流眼淚是因為什麼原因？

A.傷心

B.害怕

C.饑餓的反映

D.體內鹽分過多，需要借助眼睛排出來

造物者的神祕力量：（D）

在沒弄清楚流淚的原因以前，人們還以為鱷魚是假

慈悲呢！其實鱷魚從來就不會傷心，只是在排除身體裡面剩餘的鹽分。這些像眼淚一樣的水珠，其實是濃縮的鹽水。生活在海裡的鱷魚，喝進大量海水以後蓄積了許多鹽分，於是，鱷魚就利用眼眶中專門處理鹽分的器官，開始把多餘的鹽分逐漸濃縮起來，像淚珠一樣從眼睛流出來。

紫菜長在淺海區域的哪裡？

A.海草上　　B.珊瑚上　　C.岩石上　　D.龜殼上

造物者的神祕力量：（C）

紫菜素有「岩礁妖子」之稱，是一種紅藻類海生植物。

若希望鮮花在水裡活久一些，可以用下列哪種方法？

A.在水裡加醋

B.在水裡加洗衣粉

C.將花枝的切口用火燒焦

D.將花枝的切口用膠帶包好

造物者的神祕力量：（C）

鮮花插在水裡總是活不了幾天，這是因為細菌滋生的關係。將鮮花的切口用火燒焦，使其局部炭化，這樣就可讓浸在水底的部份不易受細菌的感染而發生腐爛，又可使植物的乳汁不致流出堵塞導管，水分得以不斷供應。

以下哪一類植物最早在地球上出現？
A.蕨類植物
B.被子植物
C.裸子植物
D.藻類植物

造物者的神祕力量：（A）

蕨類植物是最古老的陸生植物。在泥盆紀晚期到石炭紀時期，是蕨類最繁盛的時期，為當時地球上主要的植物類群。高大的鱗木、封印木、蘆木和樹蕨等，共同組成了古代的沼澤森林。直至二疊紀末開始，蕨類植物

大量絕滅，遺體埋藏在地下形成了煤礦。

有一類植物和恐龍出現在同一年代，是恐龍的主要食物，當時種類多、分佈廣，稱霸植物界，直到現在都沒有滅絕。請問是什麼植物？
　　A.柿樹
　　B.松樹
　　C.苔蘚
　　D.蘇鐵（鐵樹）

　　造物者的神祕力量：（D）

　　蘇鐵俗稱鐵樹，屬裸子植物，分佈於熱帶至溫帶，全世界約有九屬九十餘種。蘇鐵是世界上最古老的植物，曾與恐龍同時稱霸地球，被地質學家譽為「植物活化石」。

蚯蚓的血是什麼顏色？
　　A.白色
　　B.藍色

C.紅色
D.黑色

造物者的神祕力量：（C）

　　蚯蚓是一種軟體多汁、蛋白質含量達70％的軟體動物，蚯蚓喜食腐質有機廢棄物。這些有機廢棄物通過蚯蚓的消化系統，在腸道中的蛋白酶、脂肪分解酶、纖維酶、澱粉酶的作用下，轉化成自身或其他生物易於利用的活性物質。

在生物學上，水稻→蝗蟲→青蛙→蛇→貓頭鷹的關係稱什麼？
　　A.營養級
　　B.食物鏈
　　C.生態系統
　　D.局部區域

造物者的神祕力量：（B）

　　食物鏈是一種食物路徑，聯繫著群落中的不同物種，彼此所需的能量和營養素在食物鏈中的不同生物間

傳遞著。食物鏈很少包括六個以上的物種，因為傳遞的能量每經過一個階段就會減少一些。

鳥類中最愛「說話」的是以下哪一種？

A.烏鴉

B.喜鵲

C.黃鸝

D.鸚鵡

造物者的神祕力量：（A）

研究發現，鳥類中最愛「說話」的是烏鴉而不是喜鵲，烏鴉的語言大約有300種。按照這個情況，烏鴉的生活應該滿愉快的，因為不管飛到什麼地方，與自己的同類都有話可談。

地球上約有多少種海洋生物？

A.10萬

B.20萬

C.30萬

D.40萬

造物者的神祕力量：（B）

　　目前已知的海洋生物有21萬種，預估實際的數量則在這個數字的10倍以上，即210萬種。

燕窩是什麼燕子所築的窩？

　　A.家燕

　　B.海燕

　　C.白頭燕

　　D.金絲燕

造物者的神祕力量：（D）

　　金絲燕用唾液以及海藻膠結在一起築成窩巢，這是一種十分珍貴的補品，也可以入菜。

到了夏天，海參就需要夏眠，這是因為什麼原因？

　　A.海水溫度太高，以防中暑

　　B.沒什麼可吃的東西

　　C.為繁殖做準備

D.逃避天敵

造物者的神祕力量：（B）

海參以海中的小生物為食。進入夏季以後，由於上層海水被太陽光強烈照射，溫度很高，海底的小動物都會浮到海面來進行一年一度的繁殖。所以這時候停留在海底的海參既爬不動，也跑不動，連吃的東西也都沒有了。應付挨餓的方法，只有睡大覺，什麼也不做。

蜘蛛大約有3萬種左右，大小形狀不一，但是都具有捨命求愛的共同特點。有些蜘蛛交配以後會發生什麼事情，所以被稱為「死亡的愛情」？

　　A.雄蛛會被處於饑餓的雌蛛吃掉
　　B.雌蛛會被雄蛛吃掉，然後產下幼蛛
　　C.雄蛛會疲勞而死
　　D.雌蛛產下幼蛛後便饑餓而死

造物者的神祕力量：（A）

　　蠅虎蜘蛛在求愛的時候，雄蛛必須要在雌蛛面前做一段舞蹈表演，邊舞邊小心地向雌蛛靠近。假如雌蛛不

動，而且把前面兩對足都縮到胸前，輕輕抖動觸鬚，那就表示雌蛛已經接受了對方的求愛。然後，雄蛛就會慢慢爬進網內與雌蛛交配，最後便是等待死亡的降臨。

蜻蜓在水面上飛來飛去，還不時輕點水面。請問蜻蜓是用哪個部位點水？

A.頭部

B.腹部

C.尾部

D.腳

造物者的神祕力量：（C）

蜻蜓點水是在產卵，蜻蜓的幼蟲生活在水中，直到變成蜻蜓時才會離開水底。

下列哪一項描述符合蜂鳥心臟的跳動頻率？

A.較鴕鳥心臟的跳動頻率高

B.較鴕鳥心臟的跳動頻率低

C.等於鴕鳥心臟的跳動頻率

D.蜂鳥心臟跳動頻率無法測定

造物者的神祕力量：（A）

蜂鳥心臟跳動頻率為每分鐘500下，飛行狀態可達1200下。

蝸牛頭上的「角」主要作用為何？

A.捕食　　B.防護
C.爬行　　D.探路

造物者的神祕力量：（D）

蝸牛的觸角是靈敏的感覺器官，能探測四周環境，為蝸牛探路。

蒼蠅每每降落在某處，就會匆忙搓腳，請問這是為什麼？

A.清潔污物，準備開飯
B.發射生物雷達，探測食物
C.辨別同類氣味

D.品嚐味道

造物者的神祕力量：（D）
　　蒼蠅特別愛吃味道重的東西，像糖和油炸食物。蒼蠅沒有鼻子，但牠有另一種味覺器官，而且並非長在頭上或臉上，而是在腳上。只要飛到食物上，蒼蠅就會先用腳上的味覺器官品嚐食物的味道，然後再用嘴去吃。

海參逃避危險時會拋棄身上的哪個器官？

A.頭部　　　B.尾部　　　C.肚腸　　　D.蜻蜓

造物者的神祕力量：（C）
　　海參遇到敵人時會噴出內臟，迷惑敵人，自己乘機逃跑，之後還會再長出新的內臟。

大象的鼻子有多少條肌肉？

A.1萬條　　　B.2萬條　　　C.3萬條　　　D.4萬條

造物者的神祕力量：（D）

象鼻子由四萬條肌肉組成，就像「手」的作用一樣。大象有了長鼻子，就能彌補身體笨重的缺陷。象鼻子是大象的探測器和武器。人類用握手表示問候，大象則「握鼻子」，這是大象們表達友好的方式。

老鼠總愛將傢俱、衣服，甚至樑柱等堅硬的東西咬壞，但是卻不吃這些東西，請問牠們這麼做是為了什麼目的？

A.用聲音做聯繫暗號 　　B.磨牙

C.故意搞破壞 　　　　　D.嚇人

造物者的神祕力量：（B）

老鼠是「齧齒類」動物，牙齒終生都會不停生長，所以必須啃硬的東西來把牙齒磨短。

最大的兩棲動物是以下哪一項？

A.娃娃魚 　　B.青蛙 　　C.蟾蜍 　　D.樹蛙

造物者的神祕力量：（A）

娃娃魚即大鯢，是世界現存最大的兩棲動物。大鯢的體長可達1.8公尺，重40～50公斤左右。

海豚每胎生幾隻幼海豚？

A.一隻　　B.兩隻　　C.兩至三隻　　D.三至四隻

造物者的神祕力量：（A）

海豚每胎只產一隻，孕期10～11個月。幼海豚出生時，會從尾巴先出來，因為如果頭先出，就會有溺死的危險。幼海豚剛出生，母親便會將牠推出水面呼吸第一口空氣。

海豚為什麼喜歡追隨輪船呢？

A.尋求安全保障　　B.可以獲取食物
C.借助外力游泳　　D.與人類嬉戲

造物者的神祕力量：（C）

輪船向前行駛時，船尾翻滾的水流會出現水壓差，產生向前的慣性。所以海豚在這種水流中游泳既輕鬆又

快速。

有的鳥長大後會找食物餵食母親，這種行為又稱為「反哺」。請問下列哪種鳥會「反哺」？

A.烏鴉　　B.麻雀　　　C.燕子　　　D.喜鵲

造物者的神祕力量：（A）

　　烏鴉——是一種通體烏黑、面貌醜陋的小鳥，因為人們覺得不吉利而遭到厭惡。這種遭人嫌惡的小鳥，卻擁有一種值得人類學習的美德——養老、愛老。這種鳥在母親的哺育下長大後，當母親年老體衰、雙目失明飛不動了以後，小鳥便會將覓來的食物餵入母親的口中，回報母親的養育之恩。

壁虎又叫「天龍」，在光滑的牆壁、門、窗上爬來爬去從不會掉下來，這是因為牠的腳掌符合下面哪一項描述？

A.能分泌黏性膠液

B.產生的靜電使壁虎吸付在壁上

C.長著吸盤
D.長著細毛，可以產生黏附力

造物者的神祕力量：（D）

壁虎四肢的指（趾）扁平寬大，下方形成無數微細的毛，且具有黏附能力，可在牆壁、天花板和光滑的平面上爬行。

「孑孓」是什麼昆蟲的幼蟲？

A.蚊子　　B.蒼蠅
C.蜻蜓　　D.蝴蝶

造物者的神祕力量：（A）

孑孓屬於無脊椎動物，昆蟲綱，雙翅目蚊類的幼蟲，由雌蚊在淡水中產的卵孵化而成。身體細長，呈深褐色，在水中上下垂直游動，以水中的細菌和單細胞藻類為食。

搶答題

媽媽煎雞蛋給小波當早點，端到小波面前時，他發現這是個雙黃蛋，好奇地問媽媽：「雙黃蛋也可以孵出小雞嗎？」請你幫媽媽回答吧！

造物者的神祕力量：

雙黃蛋可以孵出兩隻小雞。但由於這種蛋孵出的雞體質較差，所以一般不會用雙黃蛋孵雞。

小明在院子裡種的幾棵種子都發芽啦！澆水的時候，小明發覺這些幼苗都朝太陽彎曲。請問這是什麼道理？

造物者的神祕力量：

因為在植物幼苗的尖端，有一種叫「植物生長素」

的物質。植物生長素對植物的生長具有刺激作用,能夠使幼苗背著太陽那一面的細胞分裂生長加速,因此幼苗就會朝太陽那一面「彎腰」。這樣一來,幼苗便能接受更多陽光的照射,充分進行光合作用,促使幼苗更快長大。

小君和小浩都種了一盆花,並用相同的杯子澆花,盛的水量也一樣。小君每星期天把一杯清水全部澆在花盆中,小浩則把一杯清水分成七天來澆。如此下去,請問誰的花長得比較好?

造物者的神祕力量:

小君的。小君雖然一星期只澆一次,但水澆得夠多,土壤夠濕潤,所以根紮得更深。

為什麼鯊魚怕海豚?

造物者的神祕力量:

鯊魚喜歡個別行動,而海豚是集體活動的動物。如

果鯊魚攻擊海豚，就會受到海豚的集體反抗，成群的海豚聯合起來，有組織地圍攻鯊魚，用有力的鼻子輪番撞擊鯊魚的體側。因為鯊魚骨骼是軟的，防護內臟的能力差，聰明的海豚抓住其要害，拼命地撞擊，不讓鯊魚有喘息的機會，直到把鯊魚的內臟撞壞為止。所以鯊魚在這樣的圍殲中總是很快斃命。

春天到了，迎春花和連翹花幾乎同時開放，而且花的形狀和顏色也差不多，請問該如何區別這兩種花？

造物者的神祕力量：

迎春花的枝條是實心的，連翹花的枝條是空心的；迎春花的花瓣是6個，連翹的花瓣是4個，並且有紅色條紋。

與熊貓一樣珍貴的野駱駝為什麼會哭？

造物者的神祕力量：

野駱駝會哭不是因為「感情豐富」，只是要沖洗眼睛裡的沙子。

北極和南極都是冰雪世界，十分寒冷。北極有一種體型很大，渾身雪白，看起來十分威風的動物，那就是北極熊。可是同樣在寒冷的南極，有企鵝、有海豹，卻沒有北極熊。這是為什麼呢？

造物者的神祕力量：

北極熊之所以只出現在北極的原因，和牠出現的時間以及地殼運動有關。

北極熊出現的時間比較晚，在兩千多萬年前才開始出現。而在此以前，地殼運動已經將南極大陸分離出去，孤零零地待在極地了。於是浩瀚的大海便隔斷了北極熊前往南極的道路。

馬鈴薯、蓮藕和荸薺各是植物的哪一部分？

造物者的神祕力量：

都是莖。另外蒜頭是鱗莖，馬鈴薯是塊莖，蓮藕是根狀莖，荸薺是球莖。

魚兒在一天中的什麼時間最容易因缺氧窒息而死亡？為什麼？

造物者的神祕力量：

早晨。因為水生動植物經過一整夜的呼吸作用，消耗了水中大量的氧氣。

高大的樹木有樹幹和樹枝結構，但沒有莖這種結構。這種說法對嗎，為什麼？

造物者的神祕力量：

錯。樹幹和樹枝就是莖的一部分。

高粱苗與玉米苗的外型有什麼區別？

造物者的神祕力量：

苗稈不同，高粱苗的苗稈外形較圓，玉米苗的苗稈外形較扁。

葉子形狀也不同，高粱苗的葉子比較窄，葉面沒有細毛，較光滑；玉米葉比較寬，葉面不光滑。

蚊子為什麼會發出「嗡嗡」的聲音？

造物者的神祕力量：

蚊子發出「嗡嗡」聲是因為翅膀震動的關係。

狐狸是一種狡猾的野獸，如果狐狸餓了，一時又抓不到充饑的獵物，就會找一塊有乾草覆蓋的地方，一頭倒在塵土裡，仰著身子，屏住呼吸，一動也不動。請問牠為何要這麼做呢？

造物者的神祕力量：

狐狸假死，是為了引誘小動物到身旁。飛鳥以為狐狸死了，而飛來啄屍體時，就會突然被牠一口咬住，吞

食充饑。

小黃魚長大後就是大黃魚嗎？

造物者的神祕力量：

不是。在魚的分類上，小黃魚和大黃魚都屬於鱸形目石首魚科中的黃魚屬，但並不是同一種魚。牠們生活的區域也不一樣，大黃魚為暖水性魚類，小黃魚為溫水性魚類。

同化作用是生物體將消化後的營養重新組合，形成身體所需能量的過程。魯迅的名言：「牛吃進的是草，擠出的是奶」，這個同化作用（或稱合成代謝）的過程是什麼？

造物者的神祕力量：

草的蛋白質→草的氨基酸→牛的氨基酸→牛的蛋白質。

海鷗為什麼喜歡跟著輪船飛？

造物者的神祕力量：

輪船行駛時，海水會被攪得翻滾起來，很多小魚、小蝦也被捲出水面，這時海鷗就可以找到很多食物。另外，因為輪船開得很快，擋住了迎面吹來的風，這時海鷗跟著輪船飛也會省力得多。

飛魚躍出水面後可在空中飛行，請形容一下飛魚的飛行動作。

造物者的神祕力量：

兩翅不動，以滑翔的方式飛行。

將一顆快孵化的鴨蛋放在左右來回移動的大氣球前，待小鴨出殼後會出現何種反應？

造物者的神祕力量：

小鴨會尾隨氣球而移動，此現象叫印隨。

寧靜的中午，小貓趴在床上睡覺，魚缸裡的金魚慢慢地游著。突然「砰」的一聲巨響，小貓跳起來撞到魚缸上，金魚嚇得在水中亂游。請問這時金魚會以每秒鐘幾次的速度眨眼？

造物者的神祕力量：

金魚沒有眼瞼，不會眨眼。

貓咪習慣一蹲下來就洗臉。牠會將爪子舔濕，一遍一遍地往臉上摸。請問這是為什麼？

造物者的神祕力量：

貓咪的鬍子是用來感覺周圍事物的，鬍子髒了，感覺就不靈了，所以小貓看起來很像洗臉的動作，實際是洗鬍子。

PART3

生活常識，
快樂生活一點通！

　　櫻桃白蘭地是用櫻桃釀的嗎？冰糖是用白砂糖做的嗎？空腹可以吃蘋果嗎？珠算是哪個國家發明的？空氣中含量最多的氣體是哪一種？海水為什麼是藍色的？夏天穿什麼顏色的衣服比較涼爽？

　　多多瞭解各種生活知識，輕鬆愜意地過日子吧！

是非題

櫻桃白蘭地是用櫻桃釀的。

生活大師的小常識：（對）

除了葡萄可以用來釀成白蘭地外，其他水果如：李子、梅子、櫻桃、草莓、橘子等，經過發酵同樣也可以製成各式不同種類的白蘭地。我們通常所說的白蘭地，事實上是葡萄白蘭地，而以其他水果釀成的白蘭地則統稱為水果白蘭地。櫻桃白蘭地精選品質成熟、色澤深厚的櫻桃，經破碎、壓榨、發酵，再加以蒸餾釀成。

就算空腹也可以吃蘋果。

生活大師的小常識：（對）
空腹也可以吃蘋果，飯前半小時吃一個蘋果有促進

食欲的功能，飯後一小時食用則可以幫助消化。

冰糖是用白砂糖做的。

生活大師的小常識：（對）

冰糖是以白砂糖為原料，經過再溶、清淨、重新結晶而製成。

珠算是由哪個國家發明的？

A.中國

B.日本

C.韓國

生活大師的小常識：（A）

珠算是中國古代數學的一項重大發明。早在漢代徐嶽所撰的《數術記遺》一書中，就曾記載了十四種上古演算法，其中有一種便是「珠算」。

飛機飛過天空會留下一條「白線」，請問這條「線」是什麼構成的？

A.飛機噴出的煙

B.水汽凝結的霧狀小水滴

C.天上線狀的雲

生活大師的小常識：（B）

只有當噴射飛機在-20℃以下的大氣層中飛行，且空氣濕度接近或達到飽和，同時大氣也比較穩定時才能產生飛機雲。飛機雲形成的原理是：當飛機在相當冷且水汽含量較大的高空飛行，飛機尾部噴出的熱氣在低氣溫高濕度的空氣中遇冷凝結形成雲帶，又名凝結尾。

夏天穿什麼顏色的衣服比較涼爽？

A.黑色

B.白色

C.褐色

生活大師的小常識：（B）

深色衣服容易吸熱。

金婚是指第幾個結婚週年？

A.25年

B.50年

C.60年

生活大師的小常識：（B）

第一年是紙婚：意思是一張紙印的婚姻關係，比喻最初結合薄如紙，要小心保護。

第十年是錫婚：錫器般堅固，不易摔破。

第二十年是瓷婚：光滑無暇，需呵護，不可輕易跌落。

第三十年是珍珠婚：像珍珠般渾圓，美麗又珍貴。

第四十年是紅寶石婚：名貴難得，色澤永恆。

第五十年是金婚：至高無上，情如金堅，愛情歷久彌新。

六十年是鑽石婚：夫妻一生中最重要的結婚週年紀念，珍奇罕有，今生無悔。

六十至七十結婚周年紀念，中國人統稱為「福祿壽婚」。

空氣中含量最多的氣體是以下哪一項？

A.氮氣

B.氫氣

C.氧氣

生活大師的小常識：（A）

空氣的成分有氮氣（78％）、氧氣（21％）、稀有氣體（0.94％）、二氧化碳（0.03％）、其他氣體和雜質（0.03％）。

許多人都喜歡到低於海平面400公尺的死海去做日光浴，這是為什麼？

A.紫外線最弱

B.溫度最高

C.日照最強

生活大師的小常識：（A）

因為死海低於海平面四百公尺，被陽光蒸發的水蒸氣層可以過濾有害的紫外線，延長人們在陽光底下停留的時間。

抢答題

傳說慈禧太后喜歡吃肥鴨，吃完後又總感到腸胃不舒服，煩躁異常，於是太監馬上泡了一杯濃茶送到她手中，慈禧太后喝下後頓感神清氣爽。請問這是為什麼？

生活大師的小常識：

因為脂肪不易消化，濃茶中所含的芳香油、咖啡因、茶鹼等物質可以溶解脂肪，同時刺激胃壁分泌大量胃酸，促使脂肪乳化成細小的顆粒。

為什麼餐後不要立即喝茶？

生活大師的小常識：

茶中的鞣酸會與食物中的鐵及蛋白質結合，妨礙身

體吸收，時間長了，可能導致貧血。因此，餐後要稍做
活動，休息一下後再飲茶。

海水為什麼是藍色的？

生活大師的小常識：
因為海水會吸收紅、黃光，反射藍、紫光。

如何去除霜淇淋造成的污漬？

生活大師的小常識：
用汽油即可擦洗乾淨。

網址中「.com」的意義是什麼？「.org」又代表什麼？

生活大師的小常識：
網址中「.com」的意義是「公司（企業）」，

「.org」代表「民間組織」。

如何去除動、植物油漬？

生活大師的小常識：

不小心被動、植物油污染衣物時，只要擠點牙膏輕輕擦拭髒污處，再用清水搓洗，油污即可清除。

如何除去衣物上的口香糖污漬？

生活大師的小常識：

將黏有口香糖的衣物，放入冰箱的冷藏室中一段時間，直到口香糖變脆之後用小刀輕輕一刮，就能剝離乾淨。

i-smart

智學堂
智慧是學習的殿堂

★ 親愛的讀者您好，感謝您購買 問倒教授的百科大考驗 這本書！

為了提供您更好的服務品質，請務必填寫回函資料後寄回，
我們將贈送您一本好書（隨機選贈）及生日當月購書優惠，
您的意見與建議是我們不斷進步的目標，智學堂文化再一次
感謝您的支持！
想知道更多更即時的訊息，請搜尋 "永續圖書粉絲團"

您也可以使用以下傳真電話或是掃描圖檔寄回本公司電子信箱，謝謝！

傳真電話：　　　　　　　　電子信箱：
（02）8647-3660　　　　　yungjiuh@ms45.hinet.net

姓名：＿＿＿＿＿＿ ○先生 生日：＿＿＿＿＿＿ 電話：＿＿＿＿＿＿
　　　　　　　　 ○小姐

地址：＿＿＿＿＿＿＿＿＿＿＿＿＿＿＿＿＿＿＿＿＿＿＿＿＿＿＿

E-mail：＿＿＿＿＿＿＿＿＿＿＿＿＿＿＿＿＿＿＿＿＿＿＿＿＿＿

購買地點（店名）：＿＿＿＿＿＿＿＿＿＿ 購買金額：＿＿＿＿＿

職　　業：○學生　○大眾傳播　○自由業　○資訊業　○金融業　○服務業　○教職
　　　　　○軍警　○製造業　○公職　○其他＿＿＿＿＿＿＿＿＿＿

教育程度：○高中以下（含高中）　○大學、專科　○研究所以上

您對本書的意見：☆內容　　　　　○符合期待　○普通　○尚改進　○不符合期待
　　　　　　　　☆排版　　　　　○符合期待　○普通　○尚改進　○不符合期待
　　　　　　　　☆文字閱讀　　　○符合期待　○普通　○尚改進　○不符合期待
　　　　　　　　☆封面設計　　　○符合期待　○普通　○尚改進　○不符合期待
　　　　　　　　☆印刷品質　　　○符合期待　○普通　○尚改進　○不符合期待

您的寶貴建議：

２２１-０３　新北市汐止區大同路三段１９４號９樓之１

智學堂

智慧是學習的殿堂

編輯部　收

請沿此虛線對折免貼郵票，以膠帶黏貼後寄回，謝謝！

智慧是學習的殿堂

永續圖書線上購物網
www.foreverbooks.com.tw

i-smart